大人の

海原 純子

毎日文庫

目次

はじめに　7

Ⅰ　体とかかわる

1　体が動くと心も動く　10
2　朝晩の習慣が体を作る　15
3　体のサインに気づいていますか？　19
4　精神力だけに頼るのは無理　27

Ⅱ　心とかかわる

1 心を掃除する 34
2 「今」の自分に集中する 40
3 ユーモアで免疫力を上げる 45
4 こんな思考回路は危険 49
5 うつ病について知っていますか？ 55
6 一人の時間で自分と向き合う 61
7 「頭上のオレンジ」のイメージで 65

Ⅲ 他者とかかわる

1 マッチング・ミスという現象 68
2 必要なのは「共感力」 72
3 上手に怒ろう 76
4 すべての人に好かれるなんて無理 82

5　男女のコミュニケーション・ギャップ　88
6　組織のコミュニケーション・ギャップ　96
7　おばさんと呼ばないで　102

Ⅳ　社会とかかわる

1　次の世代を育てる　106
2　仰天コミュニケーション　114
3　少数派は生きにくい　122
4　日本という国を見つめる　126
5　気分は伝染するもの　132

V　異文化とかかわる

1　自分の脚本を押しつけないで　142
2　アサーティブになろう　148
3　「迷惑」と「お互いさま」の論理　154
4　アメリカ人は話すのが得意？　158
5　葬儀で数千の市民に見送られる政治家　164

VI　自分自身とかかわる

1　競争が好きな人、苦手な人　170
2　細々でも続けることが幸せにつながる　174
3　かわいくなければ生きにくい？　182

4 社会のなかの子育て 188
5 すべての人生は生きられない 192
6 「そんな時間」を大事にしたい 198

Ⅶ 老いとかかわる

1 プロセスを楽しめるか? 202
2 「世間の物差し」とは別の物差しを 208
3 大人の旬を磨く 216
4 「ネコの視点」を持つ 222
5 凛とした死に方 226

エピローグ 228

はじめに

2005年の秋から『毎日新聞』日曜版で連載コラム(「心のサプリ」)をスタートした。テーマは心と体がリラックスできるちょっとしたヒントを、ということで、私の撮影した写真を入れながら書かせていただくことになった。そんなにネタがあるのかなあ、と思いつつスタートした連載、日々折々のできごとを観察しながら今も続いている。書いているうちにあらためて気づいたのは、人の心や体は決してその人だけで成り立っているわけではなく、社会情勢や政治、経済なども大きくかかわりあっているということである。当初は、景気回復のきざしもみられたが、この数年、リーマンショック以降の閉塞感《へいそく》は社会のあちらこちらでぎくしゃくしたコミュニケーションギャップを生んでいる。

ものを書く視点で社会を眺めていると、普段とは違うものが見えてくる。そのなかでも最も気になったのは、「幼い大人たち」である。私は2008年から2

010年までハーバード大学の研究室で客員研究員を務め、ボストンと東京を往復していたが、一時帰国するたびに、不況が人の心に与える不安感を目の当たりにし、政治家たちのコミュニケーションの幼さに啞然とした。

こんな時代だからこそ、大人がしゃんとしないとみんなが暗くなる。ところが、すてきな大人が少ない。これが閉塞感を生んでいる。

本当の大人が増えると、若者たちもあとに続く。今、危機から逃げず、自分の生き方に自信を持ち、かつ他者を受け入れられる大人が少ない。しかも社会の中枢の政治、経済分野で権力を持つ人のなかに魅力ある大人が少ない。これが閉塞感の元凶になっているのではないだろうか。

そうした視点から、連載原稿をもとに「大人の生き方」に焦点をあてて加筆したのが本書である。そして死は、生の延長線上にある。死を意識することは、充実して生きることにつながる。

停滞した思いや不機嫌な気分の波を受けとめ、ストップさせ、いい気分の波にして社会に送り出せるすてきな大人たちが増えてほしい。そして今一度、年を重ね、自分独自の人生を歩むことについて考えるひとときを作ってほしいと思う。

I　体とかかわる

1　体が動くと心も動く

ストレスを乗り切って元気に過ごしたい。誰もがそう思っているもの。ではどうすればいいのだろう。

元気に過ごすためには、心や体と上手につきあっていくことが大切なのだが、これがなかなか難しい。つい体の発するサインを見逃したり無視してしまいがちだからだ。最近は、心の状態が体に影響を与えることをご存じの方も多くなった。気持ちが落ち込むことで免疫機能が低下したり、ストレスの多い生活が自律神経の緊張状態を生み、血管や臓器にダメージを与えるわけだ。

いい気分で過ごすことは体を元気にするために大切なことだが、逆に体をのびのび心地よく動かしたり、ゆっくり眠ったあとは気分も爽快になるもの。心と体とはお互いに影響しあっている。そして元気で過ごすためには、医者まかせは禁物。医者が必要な病気はごくわずかで、ほとんどの病気は自分の力で治せる、などと言われているのだ。毎日のちょっとした体への気配りや気づき、そして気分のリフレッシュが重要だ。

ここで、3回ほど大きく深呼吸して体をのばしてみてください。嫌な気分を吐き出し、いい気分になるイメージで。そんなリフレッシュタイムを1日1回作ってみては。

ところで、最近体を動かしていますか？

健康ブームと言われている割に、普段体を動かす機会のない方は意外に多い。サプリメントなどをとることには熱心な一方、通勤や通学で疲れ切ってしまい、職場ではパソコンの前で座りっぱなし、子供は授業のあとも塾通いで、運動なんてする時間はない、などという声もあがりそうだ。

このところ、「体」がかなりないがしろにされているように感じる。「心」、つまり「脳」が重要視されるようになると、「体」は「心」によってコントロールされるもの、ととらえられる傾向がある。しかし、「体」と「心」はひとつのものでお互いに影響しあっている。心の調子が悪くて体に不調が起きるが、体の調子が悪くても心が落ち込むものなのだ。

空腹や睡眠不足でイライラや集中力低下が起きるが、それを精神力だけでカバーしようというのは無理がある。できる限り「体」を心地よい状態に整える環境づくりで自分をいたわることが必要。

アメリカでは、「心が落ち込んだときは、ちょっと体を動かすと体と一緒に心も動く」と言われていて、私はこの言葉が気に入っている。じっと座って体を動かさずにいると、次第に気持ちが落ち込むものだ。無理でない程度に散歩したり、ストレッチしたりすると、気持ちがすっきりするもので、これは行動療法の一種ともいえるだろう。

おっくうだなあ、何か落ち込むなあ、という気持ちにとらわれたとき、体を動かす自分なりのメニューを作ってみてはどうだろう。これは大人も子供も同じこと。勉強ばかりで煮詰まり憂うつになる子供も多い。一緒にキャッチボールしたり歩いたりするひとときを作るのは心のケアにも不可欠だ。体を動かし、気持ちが解放的になったところでコミュニケーションも生まれるものである。

＊

大学の授業で、気分と運動との関係について簡単にためしてみた。夕方最後の講義、疲れが出て眠くなるような時間帯、まず皆にどんな気分かを調査するテストをしてもらう。続いて3組のグループに分かれ、ひとつのグループは戸外を20分軽くジョギング。第2のグループは体育館内を20分ジョギング。第3のグループは教室内で待機ということにする。

20分後に再度気分をチェックする心理テストをした。ジョギンググループではほぼ一様に気分の爽快感が上昇し、怒りや攻撃性が減少するのがわかった。室内待機グループは気分にほとんど変化がない。ただ、2人だけ気分がアップした学生がいて、その理由を調べると「窓のそばに座って外を眺めながら友人同士で話をしていたら、気分がよくなったらしい」と言う。

体を動かすことがいかに気分にいい影響を与えるかがわかる。注目したいことは、運動によって心のなかにたまっている怒りや攻撃性が軽減することである。体というのは、実は感情表現の場なのだ。とくに言葉によって自分の感情を上手に伝えきれない子供や成長期の青少年にとって、体を動かすことはとても大切。スポーツやダンスは重要な感情表現の手段となる。「遊ぶ、走る」などで体を動かすことは、たまった感情を表現する力となるのである。

じっと座って勉強、という生活スタイルや、室内でパソコンという日常で、子供が体を動かす機会が減っている。それは、体を通して感情表現することが減っているということである。子供のさまざまな問題がとりあげられるなか、「体」が果たす役割について、もう一度見直してほしいと思う。

不登校になった息子を連れて、父親が夏休みに田舎で農作業やキャンプをしたところ、改善したという話を聞いたことがある。自然との触れあい、体を動かすこと、父親とのコミュニケーションなど、さまざまなサポートで快方に向かったのだろう。薬を飲むこと以外にも大切なサプリがある。

2　朝晩の習慣が体を作る

子供のころ、ハイキングの部活中にのどが渇き水を飲もうとしたら、担当の教師に、

「そのくらい我慢できなくちゃダメ」

と止められたことがある。

しかし、どうしても我慢できずに水を飲んでしまい、以後部活の落ちこぼれになってしまった。運動中に水を飲むとつらくなる、などと言われていた時代だった。今、思い返すと、あのとき我慢していたら熱中症になっていたかもしれない、と思う。

最近はミネラルウオーターのボトルを持って歩く人も増えたが、それでもまだきちんと水分をとっている人は少ない。

空気が乾燥する季節は、室内に暖房が入ると途端に体も乾燥しやすくなる。こ

んなときにぜひおすすめしたいのが、朝、コップ1杯のミネラルウオーター、である。

夜、就寝中に皮膚から不感蒸泄《ふかんじょうせつ》が起こり、体は乾燥している。だから朝は水分補給が不可欠である。

というのは、ある時間に特定の疾患が起こりやすいという「時間医学」の分野の研究では、冬場の朝は脳梗塞などが起こりやすいとされている。血管内で血小板が凝集し血栓が作られやすくなるのである。これを防ぐために水分を補給したいもの。水分補給は、冬も心がけたい。

手足がカサカサになったり、唇の皮がむけたりするときは、水分不足の危険信号。そうなる前に補給する習慣が大切だ。女性の方は化粧品をつけるだけでなく、ミネラルウオーターを飲むことも忘れないでほしい。また水を飲むとむくみが心配という方は、夜寝る前でなく日中マグネシウムを含むミネラルウオーターを飲むことをおすすめしたい。マグネシウムは利尿効果を持つからである。

あれこれ考えて眠れない。そうした不眠をヨーロッパの人たちは、「銀行家の不眠」などと呼んでいるそうだ。

計算したり分析したりをベッドに入る直前までしていると、寝つきが悪くなるもので、眠る前には、やはりウオーミングアップが必要ということだろうか。ベッドに入る1時間前にはテレビやパソコンを消し、リラックスして、「思考を手放す」ひとときを作りたいもの。

そんなとき、ちょっと一杯お酒を飲んで寝つきをよくしよう、という方も多いのだが、実はアルコールは、睡眠にとってはおすすめできない。寝酒は、一見、よく眠れそうな気がするものの、睡眠の「質」を低下させてしまう。眠りを浅くして熟睡感が減少するのだ。しかも寝酒の量は次第に増えていくもので、快適な睡眠のためには、アルコールより、温かい飲み物、ハーブティーやホットミルクなどがいいだろう。

とくにホットミルクに含まれるカルシウムには精神安定作用があることは、みなさんもよくご存じだと思う。また近年、ミルクに含まれる必須アミノ酸のひとつ、トリプトファンが、セロトニンという脳内ホルモンの生成と関連しているという研究もされており、ミルクはリラックスのひとときには最適だろう。温めてシナモンパウダーをかけると、シナモンの香りは緊張をほぐす作用があるので更によいのだ。

体が温まると眠りに入りやすくなり、とくに足の裏や四肢の先が温かいことは、寝つきをよくするために大切な条件となる。

緊張や不安をほぐして、いい眠りにつくためには、眠る前に、その日あったいやなことをクレンジングすることも大事。

体や顔の汚れやほこりを洗い流すのと同じように、心の中の怒りやイライラをクレンジングしてみてほしい。深呼吸して、いやな気分を吐き出すイメージで。

3　体のサインに気づいていますか？

最近、ささいなことですぐカッとする人が目立つ。「イライラして仕方ない」という相談も結構多い。

以前タクシーに乗っていて、女性ドライバーが青信号を渡る歩行者にクラクションを鳴らし、「早く渡れよ」と怒鳴ったのにはびっくり。

イライラして夫や子供にあたってしまい後悔したり、子供の声がやたらうるさくてイライラ、などと訴える女性もいる。

イライラはその人の体や心の大事なバロメーターだ。

子供の声がうるさい、隣家の犬がうるさい、とイライラしている人は、必ずしも子供や犬が主たる問題ではなく、自分のなかにイライラのもとがあり、解決できていないことが多い。そして、そのイライラのもとは心理的問題だけではなく、体の問題のこともある。

たとえば、空腹や睡眠不足のときにはイライラが起こるし、どこか体に不調があってもイライラする。長時間じっと座りっぱなしでもイライラするし、ホルモンの影響で、女性は生理前の約10日間は体がむくみやすく、だるくなり、イライラが起こりやすい。

更年期には、卵巣ホルモン低下と同時に脳下垂体ホルモンが過剰分泌し、自律神経のバランスが崩れて体温調節などに異変が起こりやすく、イライラしやすい。

大切なのは、自分の体の状況をよく観察して知っておくこと。

あ、今は疲れているからイライラするんだ。

ホルモンバランスのイライラかも。

こうした体に対する「気づき」が大切。客観的に自分を眺めるだけで、イライラしてカッと行動することにブレーキがかかる。イライラしたときは、まず体に思いをめぐらし、ちょっといたわることが必要である。

イライラは心と体があげている叫びのようなもの。イライラがうつ病の前駆症状ということもある。イライラしたら心と体を点検する。そして対策を練る。これが必要だ。

こんな昔話を読んだことがある。

木こりの仕事をはじめた青年、最初の日に20本の木を切ることができた。気をよくした彼は、張り切って2日目の仕事に出かけた。ところが、18本しか切れない。もっとがんばらなくてはと、青年は3日目、気を取り直して励んだのだが、その日は15本しか切れない。何が悪いのだろうと悩みながらも必死になったが、翌日は8本、そしてついに数日後には1本も切れなくなってしまった。困った彼は親方に相談した。すると親方は一言、

「いつおのの手入れをしたかね？」

最近、無理をしすぎて体を休ませていない人たちを見るたびに、この昔話を思い出してしまう。わが国では休むことに罪悪感を感じる人が多い。視点を「いい仕事をするためには体を休ませる、手入れをする」と転換した方がよいのでは、と思う。疲労をためこまないうちに手入れをすると簡単にすむ。しかし、ためこ

んでしまうと、長期間休まなければ回復しない。体を休ませないで働くことは人間である以上不可能だ。気力でがんばり続けても、結局いつかは壁にぶつかり長期間休むことになってしまう。

40代のビジネスマンのA氏、海外に2泊で出張し、帰国後、時差ボケの疲れをコーヒーと気合いで乗り切るような生活を続けていた。周囲から「すごいですね」と驚かれるのが快感で、本当はそこまで無理しなくてもいいところをがんばってきた。ところが、出張先のホテルで突然気分が悪くなり救急車で運ばれることに。心筋梗塞を起こしたのだった。命はとりとめたが、結局、長期の休養を余儀なくされることになった。

どこまでがんばれるか、どのくらい休みが必要かの目安は人によって微妙に違う。自分の体のサインに気づくのは自分自身。年をとるごとに自分の体について気づきができるようになってほしいもの。サインに気づき「手入れ」するという発想を持ってほしい。

1年前郊外にマイホームを購入し、片道2時間の通勤を強いられることになったB氏は、ちょうどそのころから仕事が忙しくなった。食事が不規則になり、夜のつき合いで飲むアルコールが増えた。

週末も何かと仕事があり、「少しはゆっくり眠りたいなあ」と思うこともしばしば。しかし、仕事では責任のある立場となり、マイホームを購入したことで家族から一目置かれるようになった。気分を奮い立たせてがんばってきた。

3カ月前から、朝、食欲がなくちょっと吐き気がするようになったが、風邪だろうと考え胃薬などを飲んでいた。でも、よくならない。そうこうしているうちに、夜の食事会で飲酒したとき、急にひどい吐き気に襲われて嘔吐した。翌日、クリニックで受診したところ、肝臓機能障害を指摘され、しばらく入院することになってしまった。慢性疲労とアルコールが引き金になったようである。

肝臓というのは再生機能が活発な臓器だから、ちょっと無理してもがんばってくれる。ところがもう限界というところまでくると、一気に症状が出てしまう。もう限界、という前にいろいろなサインが出るのだが、それに気づかない人、「もうちょっと大丈夫だろう」と無視したりする人が危険なのだ。

「だるい」「朝、食欲がない」「油っぽいものを食べると吐き気がする」などはサインのひとつ。気づいたら無視せず、診察を受けてほしい。

サインといえば、このところの天候の異変は地球のサインに思えてならない。必ず晴れていたシーズンに大雨が降ったり、突風に見舞われたりするようになってきた。体も心も環境も、小さなサインが出ているときに対処したいもの。体の悲鳴をきちんと受けとめ、地球の悲鳴にも注意を払いたいものである。

20年以上自営で小売店を経営しているCさんは、本当に元気な人である。夏バテには縁がなく、季節の変わり目にも風邪などひかず、肌寒くなっても半そでで過ごしている。「体が丈夫なので幸せです」と笑いながら話すCさんは、一日中よく仕事をする。

子供も巣立ち、心配事がなくなるはずだった数年前から、親せきとの間で金銭トラブルが起き、とてもいやな思いをするようになった。それでもCさんは変わらず元気で、そんなトラブルなど平気なように見えた。

周囲の人たちも、Cさんはいつも元気で丈夫だと思っている。彼の仕事量はますます増え、睡眠時間も短くなっているがハイテンションは持続していた。

強い自分でないと許せない、という人がいる。弱音を吐くのもいやだし、人に弱みを見せるなんてとんでもない。つらくてもがんばる人である。がんばるのは、すてきなことである。ちょっとした無理やちょっと我慢してがんばることは、スポーツのトレーニングと同じように、適応力を高めてくれることがある。

しかし、過度な無理とがんばりは体と心を壊してしまう。Cさんの場合は、つらさを感じないようにワーカホリック状態を作り出しているように見えた。常に強い自分を演じていて、つらさを感じるヒマやゆとりを避けているようである。また周囲から、「いつも元気な人」と期待されているので、その期待を裏切らないよう、つらくてもにこにこしている面もあるのだった。

そんなCさんが一休みするきっかけになったのは、数週間に一度起きる全身のじんましん。かゆみと発疹でやむなく仕事を休んだとき、いかに自分がつらさを感じないふりをしてきたか、気づいたようである。

体に出現する症状はあなたへのメッセージである。気づいてほしい、というその声をきちんとキャッチしてほしい。そして、「元気印」の仮面をはずして一休みを。

4　精神力だけに頼るのは無理

多忙と人手不足のため、ほとんど休憩をとらずに運転していたバスドライバーが事故を起こし、死傷者を出すという痛ましい出来事があった。徹夜で交代なしという状態が、事故を起こしやすいことはいうまでもない。精神力だけでがんばるのが無理かつ危険なことは当たり前だ。

しかし、そんな当たり前のことが改善されていない。ある調査で、1カ月休みをとらずに働いている勤務医が3割以上いた。1カ月の残業時間が80時間を超える医師も3割以上いるという。残業80時間というのは、労働基準監督署が過労死との関連が強い、と判断する労働環境である。

かつて私が大学病院の勤務医だったころ、徹夜の当直を終えても翌日は連続して勤務し、体がキツかった。今もそうした実態は改善されずに続いており、6割の医師が慢性疲労状態だという。

徹夜で当直して翌日も勤務するのは医師だから当たり前、という風潮がある。しかし、医師もドライバーも同じで、休憩なしで仕事をすると集中力低下は免れない。事故を起こす危険性は高くなる。

医療に関していえば、最近の技術の進歩や分業化の点から見ても、わずかな集中力低下が大きなミスを引き起こすことになる。早急に改善が必要なはずなのだ。それが進まない理由には、やはり「休憩をとることに対する根深い罪悪感」という心の問題があるように思う。人手不足でどうしても働かざるをえないような環境を改善していかないと、もう限界にまで達しているのではないか。きちんとシステムを作りさえすれば、当直翌日に休めるケースも多いのに、罪悪感があって実行できないことが多い。

しかし、ミスのない職場を作るためには、コンディショニングが不可欠。それはスポーツにも子育てにも共通している。休憩、というとすぐ怠け者とか、悪いイメージがあるが、緊張のあとにそれを緩めるのはコンディショニングである。24時間、精神力だけで突っ走るのは、本人だけでなく周囲にもマイナスなのである。

先日、ある企業でストレス対策について講演した。

疲れ切っている人がかなり多い、という担当者の話。そこで、社員の勤務状況を質問したところ、合併を間近にひかえた労働環境を聞いてびっくり。朝は早く夜は遅い。食事時間も睡眠時間も短くて不規則。とてもじゃないが、精神力と心の持ち方で乗り切れるレベルではない。

最近、社内研修の講演会に呼ばれる機会も多い。そのたびに、心のケアと同時に体のケアもやってほしいと思うケースにぶつかる。わが国には昔から、飲まず食わず、不眠不休をよしとする風潮がある。逆に、休みをとるのはたるんでいる、甘えているととらえがちだ。バブル崩壊後、その傾向は一層強まった。休んでいたらリストラされてしまうという恐怖感と、会社がつぶれては大変という不安感があいまって、体がきつくても無理をし続ける人が多い。

心の状況は体に影響するが、体が疲れ切っているときに心だけ元気にしようというのは無理な話だ。もしそうしようとするなら、自分にうそをつくことになる。元気なふりをして仕事を続けても、つらさをまぎらわせるためにたばこや酒の量が増えたり、買い物をしすぎたりと何かに依存することにもなる。心の持ち方だけで睡眠不足や栄養不足を乗り切ることはできない。景気回復で企業の業績はアップしているという報道があるが、労働現場は実は疲れ切り、むなしい気持ちの人が増えているという事実を忘れないでほしい。

講演会に出向くたびに、あと少し睡眠時間を増やしたら調子がよくなるだろうなあと思うのだが、労働環境の整備を強制する権限はないのが歯がゆく、むなしい。企業の管理職がまず実態に気づくことが必要だ。同時に、本人も気づいて、休まないことをよしとして睡眠時間を削り続ける生活をどこかでストップしなくては、体も心も壊れてしまうと思うのである。

✻

研修会やセミナーでの講演に出向くと、さらにびっくりすることがしばしばある。何がびっくりかというと、そのスケジュールの過密ぶり、である。

たとえばあるセミナー。日曜日の朝10時からはじまり、午前中が基調講演でお昼はワーキングランチ、午後は1時から講演がいくつか続いて終了は夜7時。途中の仕切りが悪く、講演が延びた。参加者は講演と講演の間に休むこともできず、3～4分のトイレ休憩だけ。こんなスケジュールでは、集中力が低下するし、疲れる。無理があるなあ、自分ならこんなセミナーには参加しないなあ、と思ってしまう。

とくに感じるのは、司会進行の日本式ルールだ。進行をキープするより、長い話を優先する傾向があって、講演が時間内に収まらない。参加者は、平日に働いて日曜は一日中勉強し、また翌日から働くのだから大変だろう。

セミナーの企画コンセプトは、有名な講師をたくさん集めたからせいぜい勉強してください、休むヒマなんてないでしょう、なのかもしれない。人間の生理的条件をあまりに無視しすぎ。このやり方は日本式の精神至上主義だなあ、とも思う。勉強は歯をくいしばってガンバル、というスタイル。

しかし、人間は精神力だけではもたない。研修もスポーツと同じで、コンディション調整が研修内容とほぼ等しい重要度を持っている。空腹、脱水、睡眠不足は、精神力だけではカバーできない。私自身は、仕事のとき、仕事内容は当然だが、コンディショニングにもとても気をつかう。

さらにもう一点。早朝や夜の社内研修会には、おいしい飲み物や食べ物を用意してはどうかと思う。不況だからとカットしたくなるのだろうが、一生懸命働いている社員がほっとするちょっとした心くばりは、意欲と集中力に影響して、お金で買えないものに変わるように思う。

Ⅱ　心とかかわる

1　心を掃除する

　このところ、普段はおとなしい、ふつうの人やふつうの子供がひき起こす事件や問題が報道されることが多い。それらを見聞きするたびに、そうした人が「表現せずに抑え込んできた感情」について思いめぐらして、胸が痛くなる。

　こんな話がある。アメリカの話だ。ある中年の女性が頭が揺れ動いて固定できず、フラついてしまうという奇妙な症状に悩んでいた。どこの大病院でも原因不明。私の知人のドクターも、治療法がわからずお手上げだったが、ひとつだけ彼女にアドバイスした。

「自分のこれまでの生活、今思っていることを紙に書き、その紙を破って捨ててごらん」。彼女は毎夜自分の思いをつづり、数カ月後に症状は消失した。

　心の中にためこんだ感情が症状をひき起こしていたのだろう。「感情を表現すること」は心にも体にも大切なことだ。ためこむとそれが爆発して暴力になったり、体に症状を起こす。体で症状として表現するのでは体がかわいそうだ。「自分の感情ときちんと向き合い、表現する」ひとときを作ってほしい、と思う。そのために私は、「つづること」をおすすめしたい。つらい思いや怒りを誰かに話すにはちょっと遠慮したり、逆にぐちになったりして難しいこともある。受けとめる相手もよほど心のゆとりがないと受けとめ切れない。

まず思いをノートに書く、表現する、という作業をすると心のお掃除になる。書いた文章を読みかえすと自分の感情を客観的に見つめる自己カウンセリングにもなる。自分用の感情ノートなど作っておくとよいだろう。

さて、文章は苦手、という方は体を使って感情を表現するのもよい。たとえばダンスをしたり、歌を歌ったりして、思い切り感情を表現することや、ＣＤにあわせてステップを踏んだりするのでもよい。

怒り、悲しみ、つらい思いをなかったことにして心のなかにしまいこむのは、もうやめにしよう。

もし、空腹でも睡眠不足でもないのにいら立っているなら、心のブレーキについて思いをめぐらす必要がある。

「こうしたい」と思っているのにできないとき、つまりアクセルを踏みたいのにブレーキを同時に踏んでいるような場合、イライラが起こる。

ブレーキの原因がはっきりしていればあきらめもつくが、自分でも気づかないアクセル（願望）があり、無意識にブレーキを踏んでいるときは要注意。なんとなくイライラして、周囲の人や物にあたることになる。

Aさんは、子育てが一段落したあとは仕事をしようと、ある資格を取って準備を進めていた。ところが、夫の母親の介護をしなければならなくなり就職を断念することに。仕方がないとあきらめつつ、毎日、イライラして子供にあたるようになった。「そんなことではいけない」と自分を責め、さらにイライラ。

Aさんの心には「社会参加したい」というアクセルがある一方、「良い嫁でなければならない」というブレーキがあり、不安定になっている。こんなときは、自分の心のアクセルに気づくことが必要だ。周囲と話し合いや役割分担をしながら、少しでも前進できるようにするべき。

その意味で、「イライラ」は心のサインといえる。

イライラしたら心を点検する。そして、イライラを抑え込もう、紛らわそうとせず、本当は自分が何をしたいのかを、周囲に話してほしい。「こんなことを言ったらわがままじゃないかしら」「イヤな人と思われないかしら」と思ってブレーキを踏むのではない。自分の願望と周囲の状態を、双方がよりよく生きられるために話し合う、そんな機会にしてほしい。今、個人にも社会にも必要なのは、そんな話し合いだと思う。

前章で、「体を動かすと心も動く」と書いたが、「なんにもやる気がしない」「なんとなくおっくうで体も心も停滞状態になった」とき、ほんの少々の片づけや掃除ですっきりすることがある。

私自身、掃除はあまり得意な方ではないが、デスクの上が散乱していると原稿を書く気になれないし、元気が出ない。グズグズする前に、デスクを片づけてふき掃除をしたり体を動かしたりしているうちに、気分がかなりすっきりとしてくるものである。

何となくダラダラも悪くはないが、そのことがいら立ちのもとになったり、過食の引き金になったりするようなら、まずストップしてお掃除をしてみるのは気分を変えるよい方法のひとつ。そのとき大切なのは、

「そんなことしてなんになるのさ」

「どうせなんにも変わらない」

と頭で考えるのをやめることだろう。

「どうせ」と考えて行動せず、そのままの状態を続けても事態は改善しない。身の回りをきれいにして窓を開け、空気の入れ替えをすると気分が変わるものだ。

「掃除」は行動療法のひとつといえるだろう。一度に家のなか全部をするのでは

なく、今日は台所、来週は風呂場、というように少しずつ掃除すると負担にならない。義務感に駆られた「掃除」ではなく、気分をお掃除するつもりでおためしを。

なんにもやる気がせず気分が停滞していた人が、クローゼットに入りきらない洋服を片づけているうちに、すっきりしたということもある。

とくに年末の大掃除は心の大掃除に通じるかもしれない。その年のイヤなこと、イヤな気分はゴミと同じ。きちんと掃除をして、新しい年を迎える準備をしたいものである。

2　「今」の自分に集中する

　テレビをつけると、「いつ何があるかわかりません。病気や災害に備えておきましょう」というような保険のCMが目に入る。たしかに備えは大事だ。けれど、これから何があるのだろうか、大丈夫かしら、と先へ先へ思いをめぐらして憂うつになる「先読み思考」の人が多い気がする。

「先読み思考」の典型的なケースは、朝、上司にあいさつをしたら相手が不機嫌だったというだけで、もしかして自分は嫌われているのだろうか、嫌われているに違いない、あの上司に嫌われると将来がない、と落ち込むようなことである。現実は、その上司は前の晩に飲み過ぎて、調子が悪かったといったことなのだが、先へ先へ思いをめぐらすと、現実はどうかと思うゆとりがなくなってしまう。

　最近は、まだ幼稚園に入ったばかりの子供が、あまり成績が良くないから将来どうしようと悩む母親がいる。また、30歳で未婚だから、老後は誰に面倒をみてもらおうと真剣に悩んでいる人もいる。堅実さを通り越して、憂うつ状態に陥っている。

日本人は「今はつらいが、将来のことを考えてこらえる方が賢明」という将来中心主義の傾向を持つといわれている。こうした価値観は、経済を支えるには良いことかもしれない。だが、将来のためにがんばって、それが実現できるか不安になったり、先ばかり考えて憂うつになったりしやすい。加えて、年金問題や介護問題も絡んで、余計に先読み思考が激しくなっている。

先のことを考えるのを3割程度に抑え、今をもう少し楽しく過ごすことに思いをめぐらしてはどうだろう。

かつてアフリカのカーボベルデという島国を訪れたとき、明日の食物がどうなるかもわからないようなその国の人々が、漁で捕ったエビを分け合い、幸せそうに歌いながら調理していた。せめてその3分の1くらい、「今」を楽しむゆとりを持ちたいものだ。

仕事上で大きなトラブルがあり、つらい日々を過ごしたBさん。やっと気分を取り戻したと思った直後、スポーツクラブに出かけたら、足を滑らせてねんざしてしまった。幸い数日で治ると言われたが、気分はさらに落ち込み、感情のコントロールができなくなったという。

なぜ私だけ、こんな目に遭うのだろう、スポーツクラブなど行かなきゃよかった、という後悔。さらに、「こんなにイヤなことばかり続くのは、何かの前兆か」と不安になり、次は何があるのだろうと怖くなって、翌日は部屋のカーテンを閉め、寝込んでしまった。だが、午後から少し気を取り直して仕事に出かけたら、かえって調子が回復してきたという。

仕事の失敗やイヤな出来事は続く、などといわれる。

それはひとつに、失敗したあと気分が落ち込むことでＮＫ細胞活性が低下するからかもしれない。ＮＫ細胞とはナチュラルキラー細胞の頭文字をとって名づけられている。私たちの免疫力に大きな役割を果たしている細胞で、リンパ球の一種である。この細胞は気分と強くかかわっており、幸せな気分になると活性と数が増し、気分がうつになると低下すると言われている。

イヤな出来事が続くのは、さらに、また失敗するのではないかという予期不安状態に陥ることで緊張し、ミスを起こしやすくなることもあるだろう。Bさんのように、一度不安に陥ったものの、仕事に出かけることで視点を変えると、気分のリセットをしやすくなる。

トラブルに見舞われた際は、何重にも悩まないことが大切だろう。つまり、イヤなこと自体についてだけを悩むのはいいけれど、

「なぜ私だけが……」

「しなければよかった」

「また悪いことが……」

と二重、三重に悩むのはやめにしよう。後悔、先読み、予期不安の三重苦は気分をうつにさせてしまう。悩んでいるときは、客観性を失いやすいから、視点を変えるために親しい人と話をしたり、自然と触れ合ったりすることが有効。そん

なときに、などと言わず、そんなときだからこそ、心をいたわる時間を作ること
に目を向けてほしいと思う。

3　ユーモアで免疫力を上げる

インフルエンザの流行が懸念されている昨今。ウイルスに対抗するには、なんといっても、「自己治癒力」。そのためには自分の免疫力をアップさせておくことが大切だ。食事や睡眠に気を配ったりすることは重要だが、それと共に忘れてはならないのが、「気分良く過ごすこと」。

なにそれ、と思われる方もいるかもしれないが、「病は気から」というのは、十分に根拠がある言葉なのである。

ＮＫ細胞は、私たちの自己治癒力のカギをも握っている。先に述べたようにリンパ球の仲間であるこの細胞は、ウイルス感染細胞と戦ったりすることで、病気を防ぐ作用をしているのだ。

このＮＫ細胞は、がん細胞と戦う作用もあるとされている、いわば自己治癒力のキーパーソンだ。だが、残念なことにＮＫ細胞を増やすという特効薬は今のところない。ところがNK細胞は、私たちの「気分」ととても深いかかわりを持っていて、いい気分になったり笑ったりしていると、細胞の数が増えて機能がアップし、うつ気味になって落ち込むと低下することがわかってきた。このところ、笑いが体にいいとマスコミで報道されるようになったが、実際にアメリカでは、良い気分になるイメージやセラピーが医療に取り入れられて効果をあげている。

昔から「弱り目にたたり目」などと言うが、それはNK細胞のことではないかと私は思っている。試験に失敗したり、イヤなことがあったあと、病気になったりするのは、そうしたストレスフルな出来事で気分が落ち込み、自己治癒力が低下しているのかもしれない。いろいろとイヤなことの多い毎日かもしれないが、そのなかで、

「今、自分の持っているいいもの、大切なこと」

に目を向けて生活を楽しもうとする思いが、不機嫌な時代に必要ではないだろうか。

笑うことが健康に効果的だとは、よく知られている。そんな話を講演会でしたところ、「自分は1日に2時間笑うといいと聞いたから、必死に笑おうとしている」とおっしゃった壮年の男性がいて、驚いた経験がある。もっと気楽に楽しく、という意味が込められた「笑い」なのに、それが義務になったら効果は減るだろう。

さて、失敗やつらい思い出も、笑い話にできるようになれば、完全に乗り切ったと見ていい。「笑い」は、自分を客観的に見るゆとりができて、はじめて生まれる。

つらかったことを笑い飛ばしてしまえれば大したもの。つらさと格闘するさなかに、笑いは生まれない。ユーモアはストレスを乗り切るために大切だが、ユーモアを取り違えている人が多いのは気になる。

いわゆる「お笑い」イコール「ユーモア」と、勘違いしていないだろうか。外山滋比古氏によると、「ユーモアとは相手を見下すのでも自分を卑下するのでもなく、相手と対等な立場から相手に愛情を持ちつつ」生まれる笑いだという。

この視点からすると、最近の日本は「ユーモア」が減った。相手をバカにして笑ったり、自分をわざわざダメだと強調する卑屈な笑いはそこかしこで見かけるが、他者への温かさがこもった共感的な笑いは見当たらない。

これが、今、すさんだ気持ちの人が多いことの背景にもなっているように思えてならない。また、ユーモアは子供に通じない、とも言われている。ユーモアを解するには、言葉や文化などについて、いわゆる教養が必要だからだという。とすると、ユーモアがわからない日本人が多いのは大問題だ。

以前口うるさい姑《しゅうとめ》との葛藤で体調を崩した女性が、つらい思いを笑い飛ばして短歌を詠んでいた。つらさや痛みを笑いで包み、きれいな結晶にして世の中に送り出す。これが、大人の姿勢だと思う。

4　こんな思考回路は危険

Cさんは仕事でちょっとしたトラブルを抱え、落ち込んでいる。

連絡がこないけれどあまり催促してもいけないと遠慮していたら、依頼のメールが相手に届いていなかったのだ。あわてて対応したものの、相手にどう思われるか気になって仕方ない。信頼をなくしてしまったらどうしようかと悩み、食欲がないのである。

失敗したときに気持ちが落ち込むのは当たり前。こんな場合、いつまでも引きずらず、心の奥の平衡状態をとり戻すには、ある種のトレーニングが必要である。私はそれを心のホメオスターシス修復作用と名づけている。

体には内部環境を一定に保つ機能が備わっている。これをホメオスターシスという。たとえば極寒の地に行っても南国に行っても、体温を一定に保つような働きである。ならば体と同様、心にも、外からのさまざまなプレッシャーに対して内部の穏やかさを保つホメオスターシスを育てたいもの。

さて、Cさんのような場合はどうすればいいだろう。まず、失敗したりうまくいかなかったりしたら、そのとき自分でできる最大限の努力をする。

次に、実行したらあとは手放す。人からどう思われるか、という気持ちを手放すのである。相手の感情は自分の思い通りにはいかない。あなたの努力を評価する人もいるし、それでも信用してくれない人もいる。お天気と同じで自分の都合通りにはいかないのだ。

イヤな気持ちを引きずるときは、失敗それ自体よりも、相手に悪く思われたり言われたりするのではという恐れで不快になっているものだ。できることを精いっぱいやって、あとは手放す。これを習慣づけないと、いつまでも心のホメオスターシスは手に入らない。

自分は引きずるたちで……という人がいるが、「たち」というより習慣である。思考回路の習慣を変えるのは本人しかできないが、トライしてほしいものだ。

のどもと過ぎれば、という言葉がある。痛い思いをしたからこりたかと思いきや、また同じことをする。こういうタイプはダメな人とレッテルをはられることが多いが、あなたはいかがですか？

そうした分類をされると、私自身はダメな人のジャンルに入る。研究でボストン滞在中に、ものすごく硬いパンをかじり、セラミックの歯がかけたのが3回。コンピューターのパスワードを書きとめておくのを忘れ、四苦八苦したのが2回。その他もろもろのトラブルは、いずれも失敗してから、ああまたやっちゃった、と気づく。

痛い思いをしたのをすぐ忘れて不注意な人間だなあ、とあきれるのだが、最近おもしろいことに気づいた。なぜすぐそうなるか、という点だ。

つまり、イヤなことをケロリと忘れ、次のステップに進んでしまうからなのだ。

そして、失敗しない人というのは、多分、過去の痛い思いをいつまでも忘れずにいる人なんじゃないか、と思ったりした。いつまでものど元を過ぎないから、注意深く失敗しない。

どちらがいいのかはわからないし、いい悪いという問題ではないかもしれないが、その人の傾向ととらえてはどうだろう。

私は子供のころ、母親にしじゅう「また同じことをして」と怒られた。母親は失敗をいつまでも覚えていて、注意深い傾向の人だったから、私の不注意を学習不足だと思ったのだろう。

先のことを考えて過去を忘れてしまう人と、過去をしっかり覚えて注意する人。人はさまざまだ。過去をしっかり覚えてつらい感情だけを抜きとり、学習したことだけを記憶に残すようにしたら失敗を未来に生かすことができる。これは難しいけれど、すぐつらさを忘れて先に進むタイプの人は「私ってダメな人」と決めつけず、「つらい思いをすぐ忘れられる」特質を持っているととらえつつ、少しは過去をふり返るのもいかがだろうか。

心や体の調子を崩してしまった方とお話ししていると、気づく傾向がある。それは「基準の高さ」だ。言葉を換えると完璧主義で、ときとしてそれは「全か無か」という傾向になったりする。

たとえば、ある女性は夫とちょっとしたケンカをして、その後、家庭内が1週間ほどぎくしゃくしていた。そこで夏休みの旅行は、「こんな状態で行っても意味がない」と考えてキャンセル。キャンセルしたことで子供から不満が噴出し、そのことでまた口論、という状況に陥ってしまった。

「まわりの人たちはみんな家族で仲良く夏休みを過ごしているのに、なぜ、うちはこんななの？」と彼女はすっかり落ち込んで、「こんな状態では別れた方がいいのかも」とも考えてしまうのである。

また、ある女性は「みんな体調も良く、いつも気分がすっきりしているように見える。なのに、私は気分にむらがあって調子が悪いことがある」と自分の体調がちょっと悪いと、「私はダメ」と思う回路にはまってしまう。

2人に共通しているのは「基準の高さ」である。いつも体調万全で精神的にも完璧でないとまったく意味がない、何もできない、まわりの人はいつも一定で順調、と思ってしまう。

すると、ちょっと体や心に不調の波が来ると、「もうダメ」と考え、そのことで余計に具合が悪くなってしまうのである。調子が悪いことで苦労するだけでなく、調子が悪い自分がダメ、と追いつめられていくことで二重に苦しんでしまうのだ。テレビや雑誌を見ると、みんないつも元気に見える。でも、いつも快調という人など本当はいない。お天気だって、快晴で暑くも寒くもないさわやかな日なんて、めったにない。晴れたり、曇ったり、雨が降ったりとさまざまだ。心だって同じこと。波があるのが自然のリズムなのだ。

「私だけ不調」と落ち込まないでほしい。みなそれぞれ、不調な部分を持っている。その不調を受け入れつつ、なんとかやっているものなのだから。

5　うつ病について知っていますか？

ちょっと風邪気味だと、大抵の方が「さあ大変」と病院で受診したり、薬を服用したりする。体調がヘンだな、と感じると検査を受けようとする人も多い。早期発見がいかに大切かを知っているからである。

まあ、なかには自力で治る風邪にも大量の薬を飲むような過剰防衛気味の方もいるのはたしかだが、それにしても、

「早めに受診し早めに治療をはじめよう」

というのは大切なことである。ところが残念なことに、これが、こと心の不調となるとまったく逆なのである。

ちょっとヘンだな、と感じてもまあなんとかなるだろう、どこかに傷ができたわけでもないし、と不調を見て見ぬふりしてしまう。早期のサインを無視していると、そのうち不眠やイライラがひどくなり、仕事などで物事を決定できなくな

る。最終的には、朝起きられなくなったりして、受診するころには症状が悪化していることも多い。

心の不調で受診するのがためらわれるのは、周囲から弱い人、ダメな人、とレッテルをはられてしまうのが怖いからである。周囲は、仕事のしすぎで過労に陥り、体調を崩した人には同情するが、ストレスフルな生活で心の不調を起こした人には冷たい。偏見をなくそう、という言葉は建前だけ、実際は仕事がしづらくなるという現実もある。

以前、私がクリニックを開いたころは、未婚女性が婦人科を受診したり検診を受けると、白い眼で見られるような時代だった。今はそうした偏見も少なくなった。心の不調に対する偏見も少なくなってほしいと思う。

心の調子にも波がある。楽しいと感じることがなく、イライラし、不眠（とくに朝早く目が覚める）、食欲不振、気持ちが落ち込む、という症状が2週間以上続くとき。また朝だるくて起きられなかったり、ものごとを決められないようなときは、受診してほしい。

出産後、うつ状態に陥り、家事ができなくなった女性がいた。赤ちゃんと一緒に実家に帰り、通院治療を受けて少しずつ回復に向かっていたある日、夫と日帰り温泉ドライブに。

久々の外出だったが、露天風呂で川のせせらぎを聞き、きれいな空気を吸って気分良く帰った。こうしてちょっと自信がついたのもつかの間、親せきの女性の思いがけない言葉にショックを受けた。

「温泉に行くくらいの元気があったら、子供の世話をしたらどうなの。妻としても母としても失格よ。わがままもいい加減にして」

うつに陥ると、体がおっくうで動けない。家事をしたくても、やらなくちゃと思ってもできないのだ。そして、できない自分に罪悪感を感じてしまう。うつの回復は直線的ではない。良くなったり、少し後戻りしたりの波を繰り返しながら回復に向かう。春になるまでの陽気のように。

女性は出産後や更年期に、うつに陥りやすくなる。そんなときは、「せねばならぬこと」「予約したり、約束しての行動」をやめ、義務から解放してあげることが必要だ。

うつの治療に必要なこうした「ひと休み」を、甘えと受け取る人が多いのは残念である。うつ、というと自己管理ができない弱い人、と考える人もいまだに多い。人間、いつも好調で元気というわけにはいかない。不調なときもある。

自然にリズムがあり、晴れたり雨が降ったりするのと同様、人にも好不調がある。心の調子がすぐれないときもあるし、体調を崩すときもある。不調になった人をむち打つような言葉はやめにしたい。

そしてもし、今不調で悩んでいるのなら、あなたはきっと他人の不調のつらさに共感できる人になれるはず。自分はいつも好調だ、と自信がある方は、不調な人のつらさを想像できるだけの温かさを持ってほしいと思う。

最近マスコミでとりあげられることが増えてきたこともあり、「うつ」に関して職場や家庭で話題にのぼることが多くなった。情報が広まるのはいいことだが、気をつけなくてはいけないのは、それにともない「誤解」が増えて正しい情報が伝わらなくなってしまうことである。

昼食のレストランで、大きな声で「オレはうつ病なんだよ」と同僚に話しながら食事をしている男性がいた。「ほんとに仕事が多くてイヤになるな」とぼやいているその人は、どう見てもうつ病ではない。ちょっと気分が落ち込むことは誰にでもある。これはうつ状態だ。うつ状態はうつ病とは違う。

うつ病の場合は気分の落ち込みや不眠、食欲低下が起こり、それが毎日、2週間以上続く。楽しいはずのことが楽しめない。うつ状態とは明らかに異なるのだ。治療方法も違う。うつ病の場合は休息が大切。

うつ状態の場合は、楽しいことがあると一時的に気持はアップする。だからおいしいものを食べたり、旅をしたり、友人と遊んでいるときはすっきりするが、職場に戻ると憂うつになったりする。

うつ病の場合は自分を責める。しかし、うつ状態のときはむしろ、周囲や他人を責める傾向が強いことがしばしばだ。

　うつ状態の場合は、まず生活リズムをキープしたうえで薬よりむしろ自分と周囲とのかかわりのバランスなどを考えながら治療をすることが必要である。体を動かしたりするのも有効だ。

　うつ病とうつ状態とは違うことをしっかり知っておいてほしい。またうつという言葉を、安易に冗談でお昼の話題にするのはやめてほしい。

　うつ状態をうつ病と混同するため、うつ病が怠け病と思われてしまう状況も起こっている。これでは逆戻りである。うつ病には本当に深刻なつらさがある。楽しいはずのことが楽しめなくなったらどんなにつらいかを思いやるとき、冗談まじりに笑いながら話すことなどできなくなるはずだ。

6　一人の時間で自分と向き合う

南フランスにエクサンプロバンスという小さな街がある。ピーター・メイルの本にも登場するこの街で、青年がこんな話をしてくれた。

「昔は、このあたりのカフェでは何にもしないで過ごす人が多かったんですよ。でも今は違います。しゃべったり、食べたり、読んだり……」

青年が言いたいことはわかる。何にもしないということは、ただボーッとすることではない。何もせずに鳥の声を聞いたり、風の香りを感じたり。自然とふれ合い、自分と向き合うことなのである。何かしていると、鳥の声にも香りにも気づかなくなる。

今、絶えず何かをしていないと落ち着かない人が多いように思う。テレビをつけっぱなしにして音がしていないと不安、という人もいる。あなたはどうだろう？

じっと静かに、自然のなかで何もせずにいると、ひそやかな自然のリズムを感じられる。それがおのずと心を穏やかにして、自分を見つめる時間に変わる。メディテーション（瞑想）である。

ストレスの多い生活のなかで、このような自分を見つめるメディテーションのひとときは不可欠。すり減った心を回復するチャンスとなる。思考を手放し、感情と向き合うことで、気づかなかったことに気づくようになる。

かつてゆとり教育が叫ばれていたころ、自然のなかの学習が注目された。しかし残念ながら、それは自然のなかでそのリズムを感じることではなく、この植物は何？　この鳥の名は何？　と、思考・左脳を使う学習だった。

小学校から英語教育がはじまる今。子供のころから「絶えず左脳を使って何かしている」ことばかりに慣れた子供たちは、自然のなかで静かに自分と向き合うことがますますできなくなりそうだ。心配でたまらない。

静かに何もせず自然を感じるひとときを、せめて家族のなかで作ってほしいものである。

込み合った電車に乗ると本当に疲れる。降りた途端、思わず伸びをしたくなるものだ。通勤が疲れる原因は、電車に乗る時間の長さではなく、その混雑にある。

人間にはパーソナルスペースとでも表現されるような、いわば縄張りのようなものがある。満員電車ではそれが侵害されるために、疲労感を感じ、ストレスになるのだ。グリーン車やビジネスクラスが高いのは、その広さゆえということだろう。会社でも、役職が上がるほど机が大きく広い部屋を持つようになる。

つまり人は「他人と一緒にいる」ことがストレスになっている。どんなに好きな相手でも親密な間柄でも、一日中いつも一緒は疲れのもと。いつも一緒だと、なぜかケンカになるのは、パーソナルスペースが侵害されているのに気づかないせいかもしれない。

好きな相手なら、近くにいても、時間が長くても負担にはなりにくい。しかし、見知らぬ人と肩をふれあい、会社で同僚とデスクを並べ、営業で得意先の人と食事で一緒という生活は、パーソナルタイムがないためにイライラしがちになる。人と一緒にいられる人は、一人の時間を過ごせる人でもある。逆に、一人で過ごす時間、パーソナルタイムを持っていないと、人と心地よく一緒に過ごすことが難しいともいえるだろう。

私自身は、仕事で人とかかわることがほとんどの毎日だから、「パーソナルタイム」を作るよう、ちょっとした時間を利用する。たとえば、仕事が終わり次の仕事までの間に、なるべくすいたカフェで一人で過ごしたり、季節が良くなると、10分でも一人で歩いたりする。そうした一人の時間を持つと、自分の心とはっきり向き合えてほっとする。

一人でカフェにいたり食事をしたりすると、誰にも相手にされない寂しい人、などと見る向きもあるが、とんでもない。忙しい日が続いたあとは「一人の時間」も大切ですよ。

7　「頭上のオレンジ」のイメージで

アメリカ発のカウンセリングに、「頭上のオレンジ」というものがある。頭の上にオレンジをのせる。といっても、実際にオレンジをのせて歩くのではない。イメージするのである。頭の上にオレンジがひとつのっていると想像し、そのオレンジから周囲を見る、と仮定するのだ。オレンジの目線、というわけだ。ちょっと試してみてください。何となく視野が広がり、周囲がより広く見える感じがしませんか？

思考が行きづまったとき、アイデアに困ったとき、イライラしたとき、オレンジの目線でまわりを見るようにすると、視野が広がり、考え方を変えるきっかけになるというものだ。

この方法の話をしていたら、剣道好きの男性が「宮本武蔵が同じようなことをしていた」とおっしゃる。詳細はわからないが、観はただ見ることに勝り、より広く見ることが大切だといったことを述べているのだという。

たしかに心を静めると、自分の背後や横など実際に目では見えない部分の気配や空気を感じることができる。人間は目だけでなく、肌をはじめ全身で見ることができるのだろう。アメリカのカウンセリングと日本の宮本武蔵に共通項があるのはおもしろい。オレンジのイメージは剣術のためのものではないが、心を静め、狭くなった考え方を修正していくときに役に立つ。

ところで、アメリカの医学というと、完全に西洋医学と薬主体の治療と思いがちだが、逆に代替医学の研究も盛んで、裏づけのある技術も数多い。

医学部のなかにも、アリゾナ大学のように代替医療の実践と研究が有名なところもある。代替医療のうち、オステオパシーという手段を用いる治療法は日本の整体ともいくつかの共通項がある。メディテーション（瞑想）といえば西洋風だが、座禅でいう無心とも共通項がある。心を静めたい、元気に生きたい、という思いは人間みなに共通しているのだろう。

Ⅲ　他者とかかわる

1　マッチング・ミスという現象

Aさんは接客業。高級品を扱う店のトップクラスで、お客さんの信頼も厚い。感じも良い。なのに仕事仲間の評判はいまひとつで、友人と呼べる人はほとんどいない。

一方、Bさんは企業勤めの事務職。Aさん同様、仕事もよくできてまじめで、トラブルのときもBさんがいるときちんと解決できるので、上司からも部下からも一目置かれている。にもかかわらずBさんと親しい人はいない。

別に感じは悪くないのに、いやむしろいい感じの人なのに友人になりたいと思わない人がいる。本人もどうして友人ができないのだろうと首をかしげたりするが、そんな場合はひとつの共通点がある。「マッチング・ミス」とでも名づけられる現象である。

Aさんは常に穏やかで、人と対するときいつも笑顔をうかべている。話し方のペースもゆっくりしている。一方、Bさんは常に冷静で沈着。仕事場でお客さんと対するときは、いつも笑顔やいつも静かなのは信頼感を生む。

しかし、友人関係となるとちょっと違う。「こんなに困ったことがあって頭にきちゃった」と興奮しているとき、相手に笑顔でにっこりされるとなんだかバカにされた気分になる。

「大変だ。こんなことが起こった」とか、「聞いて、聞いて。今日こんなことが起こったの」と話そうとしたとき、冷静沈着に「それでどうしました？」と言われるとなんとなく肩すかし。

「エッ、どうしたの？」と、自分のペースに「マッチング」してくれる相手と、人は心を開いて友人関係になりたくなる。まず相手のペースに合わせて応える。そして、相手が興奮したり落ち込んでいるときは少しずつ気分が変わるようにペースを工夫すればいい。

いつもにこにこ表情を作っている人より、自然な笑顔や真顔で対してくれて、まずは自分のペースをそのまま受けとめてくれる人と、人は友人になりたいと思うものだ。

スポーツクラブでマッサージを受けていたら、
「わあ、先生の肋骨《ろっこつ》って丸々としていてロールケーキみたいね」
と言われ、複雑な気持ちに陥った。子供のころから骨格ががっしりしているので、ちっとも可憐に見えず、常に「元気そう」と言われ、ほっそりした人がうらやましかったものだった。

言った本人は、親しみをこめた言葉だったのかもしれない。だが、体形のことをあれこれ言われると、子供時代の気分を思い出してしまう。

言葉って難しい。人の心をつなぐ手段である一方で、刃物となり武器になる。頭突きは暴力だが、相手の心を傷つけるつもりで発した言葉も、また暴力になる。

また、人と人とのかかわりのなかで、そのつもりでない言葉が相手を傷つけることがある。それは言葉を発した人のせいだけではなく、言われた人が抱えている心の傷に言葉が染み、過剰反応が起きるためということがある。

相手が自分を傷つけるという意図を持っていないはずなのに、気分が落ち込んだりカッとするなら、あなたの心の奥にある古傷に気づき、それをいやす必要がある。子供のころ、親に比較され続けてイヤな気分を味わった人が、比較を感じさせる言葉を聞いただけで、カッとしてしまうということもあるのだ。

自分が過剰反応する言葉の元にある傷に気づくだけで、治癒への第一歩がはじまる。親しい相手になら「自分はその言葉を言われると、昔を思い出して嫌な気分になるから使わないで」と伝えてほしい。言葉で傷ついたら、すぐ対処するのが大切。親しい間柄で、

「あのとき、あなたの言葉で傷ついた」

と、ずっとあとになってから言うのは、両者の関係を破綻《はたん》させる。嫌だなと思ったとき、すぐ相手にそれを伝え、それを互いに話し合うことが、いいかかわりを作るポイントとなる。

2　必要なのは「共感力」

8年間一緒に暮らした愛犬を亡くしたC氏、落ち込んでいたら、知人に「たかが犬のことで男らしくない」と言われ、意気消沈。子供の一人を病気で亡くしたDさんは、ご近所の人に「もう一人お子さんがいてよかったじゃないですか」と言われがっくり。

悪気はないのかもしれないが、傷ついた人をさらに落ち込ませる、このような言葉をかける人は結構多いようだ。

愛する対象を失うことは、人間にとって最大のストレスのひとつで、「喪の仕事」と呼ばれるほど。喪の仕事は、亡くした愛する対象に対してのさまざまな感情を心のなかで整理していくことである。

愛する対象を亡くしたとき、まず最初に襲うのは激しい衝撃と不安であり、この情緒危機でパニックに陥りやすくなる。次に、亡くなったことが現実として受け入れられない状況が数カ月ないし、数年間続く。

さらに、相手が永久に戻ってこないことを受け入れた段階で、激しい絶望が襲い、抑うつや無気力に陥る。この状況で免疫力が低下し、種々の病気が発症しやすくなる。最近の精神神経免疫学の研究で、この時期にがんが発症しやすいとされている。

この段階を経て、執着していた対象から心が離れ、気分を切り替えて回復していくとされている。

愛する人を亡くしても、何事もなかったかのように心を保とうとする人もいる。が、無理につらさを否定しても、抑え込んだ悲しみは何年もたってから蘇ることがある。喪の仕事はつらいが、否定しない方がいい。

そして、身近な人が喪の仕事で悲しんでいるなら、言葉よりもっと大切な「共感」の気持ちで相手を包んであげたいものだ。「ああ、つらいだろうな」という思いで、ただそばにいるだけで人は救われる。相手が安心して涙を流すことのできる場所を作り、家事など日常生活を手助けしてほしい。

「あなたに私の気持ちなんてわかるわけないわ。経験してないんだから」

Ｅさんは知人にそう言われて落ち込んだという。せっかく何か手伝いたいと申し出た好意をぴしゃりと拒絶された、と感じたのである。

＊

経験する、ということはさまざまなことを学ぶことだ。つらい思いを味わった人は、同じようにつらい体験をした人の気持ちがわかるようになる。しかし、気をつけないと、それが逆の方向に働いてしまうこともある。体験した人でないと、つらい気持ちが理解できないのだろうか。

そんな問いに、私は必ずしもそうではない、と言いたい。その人のつらさや思いを他人が完全に理解するのは難しくて、不可能かもしれない。しかし大切なのは、完全に理解することより、「わかろう」とする気持ちと、「どんな思いなのだろう」と思う想像力・共感力なのではないだろうか。

つらい経験をすれば、つらい体験をした人の気持ちを理解しやすい。だが、実際に似たことを体験していなくても、相手を思いやる共感力のある人は、十分にその人のつらさを理解する力を持っていると私は思う。

逆につらい体験を乗り越えた人が、自分はこれだけのつらさを乗り越えられたのだから、あなたもそれくらいのことで弱音を吐くな、などと励ますことで、かえって相手の自信を失わせてしまうこともある。

Ｆさんは胃潰瘍で入院することになったとき、胃がんを乗り越えた上司から、「胃潰瘍くらいで落ち込むな。私はがんの手術でもすぐに元気になったんだ」と言われてめげてしまったという。

人それぞれ、受けとめられるつらさのキャパシティーは異なるもの。体験至上主義は危険である。むしろ、共感力や相手を思いやる想像力を育てていきたいと思う。

3　上手に怒ろう

Gさんは内装業者から送られてきた請求書を見た途端カッとした。部屋の模様がえが気に入っていなかったのに、請求が約束と違っていたからである。すぐに電話をしたが、相手の態度にますます頭に血がのぼり、ついに大ゲンカに発展してしまったという。

Hさんは、数年先輩の仕事の進め方を見た瞬間カチンときた。即座に反論したが、Hさんの怒りに相手も反応し気まずい雰囲気になってしまった。

よくある二つのケースだが、共通点がある。それは「怒った瞬間に即対応」という点である。怒った瞬間、すぐ相手に対して怒りの感情をぶつけると、相手はその見幕にびっくりして防衛しようとして反応する。これがさらに関係をこじらせる引き金になる。

では、カッとしたときにはどうすればいいのだろう。アメリカの女性医学者、ジル・テイラー博士は「90秒ルール」という提案をしている。

博士は30代半ばのときに左脳の脳出血に見舞われた。8年間のリハビリ後に回復し、今全米で講演活動をしている。博士によると、感情の波は90秒は続くが、そのあとは感情をコントロールする選択をできるようになるという。つまり、どうしようもない激情は90秒は続くが、そのときすぐに行動したり言葉を投げつけると失敗するのである。

まず90秒間は自分で怒りの感情の相手をする。一人で「怒ったゾ!」と叫んだっていい。大いに一人で怒ったら少し冷静に自分を見つめられる。相手に反応するのはそれからにすればよい。

メールやチャットがコミュニケーションを壊すのは、この90秒のワナにはまるからである。怒った瞬間に相手に感情をぶつけるから大ごとになる。

その昔、通信手段が手紙だけの時代は、手紙を書いているうちに90秒が過ぎ冷静になれた。携帯電話がないころは公衆電話を探しているうち90秒経過した。便利な時代、怒ったときはちょっと待て、が必要かも。

学校にクレームをつける親が急増し、教師が精神的に追いこまれているという。クレームをつけるのが見当違いのことが多いうえ、感情的で、受けとめ切れないようだ。

病院でも同様のことが増えていると聞く。学校や病院へのクレームは比較的最近のことだが、飲食店やホテル、販売店などでは、以前から「感情的クレーム」が多かったのは想像がつく。

ある企業で、お客様相談窓口の担当をしている女性がいる。相談窓口といえば聞こえがいいが、実際は怒鳴られてばかりで、すっかり気分が落ち込む、と悩んでいた。反論もできず、理不尽な要求をされ、罵倒《ばとう》される電話を一日中受けていたら、気持ちが沈むのは当然だろう。

お役所の窓口で仕事をしていて、「誰のおかげで食べているんだ。税金で養ってもらっているんだろう」と悪態をつかれ、嫌な気分になった話も聞いたことがある。

一番困るのは言いやすい相手にクレームをつけることと、感情的なことである。クレームすることは問題ない。問題なのはその内容と伝え方である。内容が妥当であるか否かをきちんと判断し、相手が感情的になっていないか、確認すべきである。

前述の「誰のおかげで」発言などはその典型だ。こんなことを言われたときは、それに巻き込まれて怒ったり、落ち込んだりせず、まず、深呼吸してほしい。感情的になるのはクレーム内容よりむしろ、その人自身が抱えている心の問題。はけ口のない怒りが、ささいな問題をきっかけにして、爆発しているのである。

つまり、本来は自分で処理すべきフラストレーションを言いやすい相手に向けているだけだ、ととらえることが大切だ。そして、つけられたクレームが、妥当か否かを考える客観性を持つことも必要だろう。それにしても、鬱憤《うっぷん》のたまった人が増えている。

ささいなことですぐ怒り、いつまでもそのままの人がいる。かと思うと、ごめんなさい、と謝ったのに機嫌がよくならず、さらに居丈高になって文句を言い続ける人を見かけることもある。そうした人は、「人間ができていない小物」などと周囲から評されるものだ。

実はそうした「怒れる人」は、今現在の出来事に怒っているわけではないことが多い。心の中にため込んできた古い怒りが、新しく起こったことで浮かび上がり、爆発しているのだ。

だから、このような人の激怒の対象になってしまったら、「ささいなことで、なぜこんなに怒鳴られるの？」と落ち込んだり、逆に怒ったりする必要はない。怒りはあなたではなく、その人の心のなかにため込んだ未解決のものに向かっているのである。

また逆に、自分がささいなことでいつまでも怒り続けたり、相手が謝っても怒りがますます燃え上がって制御できない方は、心のなかにため込んだ怒りに気づく必要がある。今、すぐカッとなる人が増えているのは、小さな怒りをため込んでそのことに気づこうとせず、怒りをため込みすぎた人が多いからなのだ。

怒りは自分の身に危害が加わるのを防ぐための感情でもある。小さな怒りの段階できちんと表現しておくことは、悪いことではない。むしろ、健康的である。

しかし、「怒るのは小物。ゆとりがない人」という思いのために、つい、にこやかな表情を作ったり、「いい人」をしていたりすることが多いので要注意。

今、国と国の間でも「なぜいつまでも怒っているのか」というようなことが多いが、それは古い怒りが何かの出来事をきっかけにして浮上するからである。今の問題だけに目を向けても、怒りは解消されない。心の奥にある怒りに目を向けることは、さまざまな場面で必要だ。

4　すべての人に好かれるなんて無理

　頼まれごとを断るのには、勇気がいる。とても無理だと思っていても、ノーと言って波風が立つのが嫌でつい引き受け、あとで後悔することが多いのではないだろうか。

　専業主婦のIさんは、やっと子育てが済み、ほっとしたのもつかの間、妹からちょっと子供を預かってと言われた。数回引き受けたが、次第に疲れてくる。妹は仕事を続けながら2人の子供を育てており、Iさんも手伝うのは嫌ではない。だが、あまりにも頻繁になったことと、手伝うのが当たり前という妹の態度にうんざりなのだった。

　一度思い切って断ったところ、「お姉さんは冷たい」と逆に非難され、罪悪感を感じてしまった。近所に住むからこんなに頼られるのか、いっそ引っ越しでも、と考える始末。さらに、妹だけでなく友人や近所の人に対しても断るのが下手な自分に気づき、「私ってノーと言えない性格かしら」と悩んでいる。

ものを頼みやすい人と頼みにくい人はたしかにいる。嫌な顔をせず引き受ける人にはつい頼みたくなるし、そのうち引き受けてくれることが当たり前になってしまう。すると逆に、たまに断られると「ひどい」などと思うものだ。本当は、頼む側に甘えすぎ、頼みすぎの反省が必要なのである。

さて、ノーと言えずに困っている人は、断ったとき相手から受ける非難が怖い、と感じていることがある。非難されるより断らずに引き受けた方が楽、と思ってしまう。

しかし、こうして引き受け過ぎを続けると、体がノーとばかりに症状を起こすことがある。できること、できないことを客観的に判断し、引き受けられることは精いっぱい喜んで実行し、できないことは早めに断ってみることも必要。

引き受けられることを十分している姿勢がわかれば、非難されることもないだろう。もしそれでも非難されたときは、自分で自分の味方になってほしい。

「完璧主義って疲れるよね」などと話すと、

「いえ、私は完璧主義じゃないから大丈夫」

とおっしゃる方がほとんど。しかしどうしてか、こと人間関係のこととなると完璧主義になって疲れる人がとても多い。

たとえばこんなことはないだろうか。ご近所とのおつき合い。ほとんどの人とうまくいっているのに、一人だけウマが合わない人がいると、「あの一人さえいなければ……」と思って悩んでしまったり。職場で一人の上司に嫌われると、「あの一人がいるから職場がおもしろくない」と落ち込んでしまったり。一生懸命やってきた仕事を評価してくれる人が多いのに、一人に批判されると途端に暗い気分になったり。

ただ一人の人に嫌われたり批判されたりすると気分が悪くなるのは、「すべての人に好かれたい。認められたい」という人間関係上の完璧主義ではないだろうか。

私たちは子供のころから、

「みんなに好かれ、みんなと仲良くしなさい」

と言われて育つもの。とはいえ、みんなに好かれるなんてとても無理なのだ。好き嫌いは誰にでもある。むしろ、

「嫌いな人とも仲良くやっていこう」

という方が、ずっといいように思えるのだが。

このような「みんなに好かれたい」願望は、しっかり私たちに染みついている。だから、もろもろの人間関係で大抵の人とうまくやっていけても、ただ一人とうまくいかないと落ち込んでしまう。そして、一人とうまくいかない自分をダメな人間と思い込んだり、自分を嫌う相手を憎んだりするようになる。

自分のことを嫌いな人や虫が好かないと思っている人もいる。自分の意見に反対する人もいる。それは自然なことと思って人間関係の完璧主義にさよならし、嫌いな相手とも共存できるゆとりを持ちたい。

家族同様にかかわっている家の息子が結婚するJさん。その息子さんのお相手の女性について、

「本当にいいお嫁さんになりそうなの。近所のお年寄りがいろいろ無理なことを言っても、嫌な顔ひとつせず、聞いてあげてるの」

うーむ、と思わずうなってしまう。ふつうなら聞き流してしまう言葉に引っかかるのは、職業ゆえ。嫌な顔ひとつしないのは、みんなに称賛される。ノーと言わないで引き受けてくれる人は、「いい人」「いいお嫁さん」。

しかし、本当の心のなかはどうだろう？

我慢するのが必要な場合もある。だが、我慢して抑え込んだ思いを抱え込んだまま過ごすと、どんどんそれが重くなる。重くなった心が、更なる心の落ち込みのもとになることも。あるいは、ちょっとしたことで爆発したり、体が不調をきたしたり。さまざまな問題に発展するのを、今まで散々見てきたのだ。

そこで提案。嫌な顔ひとつしないのは大賛成。ただし、それで引き受けるのではなく、嫌な顔ひとつせずにノーと言うのはいかが？　断るときに感情を込めると角が立つ。ノーとは言うが、嫌な表情を見せず、上手に自分の立場を表現してみれば、と思う。

もうひとつ。自分ができることとできないことを明確にしておき、普段から周囲に伝えておくのも大切だ。

件《くだん》のお嫁さんになる女性は、これからの長い人生、いつもその調子で生きていくつもりかしら。

まわりにとって「いい奥様」「いい人」は、往々にしてまわりにとって「都合のいい人」になることがある。ずっと我慢を続けて、ある日突然、切れたり、燃え尽きたりしないように、自分の気持ちをきちんと表現する能力を身につけてほしい。そのための提案が、「嫌な顔ひとつせず、気持ちよく断ろう」。

いかがでしょう、試してみませんか？

5　男女のコミュニケーション・ギャップ

共働きの若夫婦、お互いに疲れて帰ってきてこれから夕食の用意をしなければならない。妻が「疲れたー」とこぼしながら準備をはじめたとき、夫がどんな言葉を発したら妻はカチンとくるでしょう。

「オレも疲れた」

「手伝ってあげようか」

「何かとろうか」

さていかがでしょう。あなたならどんな言葉でカチンときますか。あるいはどんな言葉をかけますか？

私なら最もカチンとくるのは2番目の「手伝ってあげようか」。男性は疑問があるかもしれない。「手伝おうか」ならとてもうれしい。途端に疲れもとぶだろう。でも「手伝ってあげようか」はいけない。その言葉には、本来自分がやる役目ではないのにやってあげるという意味が含まれる。夫と同様に働き、収入を家計に入れている妻としてはこの姿勢が嫌なのだ。

「初期値の違い」という概念がある。女性なら魚を焼けるのは当たり前でも、男性が焼くとすごい、偉いと言われたりする。学生に「お母さんは洗濯機使える？」と聞くと「当たり前」と答えるが、「じゃ、お父さんはどう？」と聞くと「うーん、多分使えると思うけど」などと答える。初期値、すなわち期待される最低レベルが男女では違う。そうしたことが夕食の支度にもあらわれるのだろう。

支度するのは疲れていても自分の役目だ、と多くの女性が思っている。もともとそういう教育をされていない男性に同じようにやってほしいとは思っていない。でも自分でできることを率先してやろうとする男性が夫だったらどんなにいいだろうと女性たちは思っているはず。それを「上から目線」でやってあげるなんて言われるとカチンとくるのだ。男女の初期値の違いを知っていると、こうしたすれ違いは少なくなるはず。ご注意を。

看護師をしているKさん。昼食をとる時間もないほどに忙しい仕事を終えて帰宅すると、もう家に戻っていた夫が、「足が疲れた」と訴えてきた。代休を取り、ウオーキングをしたためらしい。

「湿布か軟こうでも塗りたいので早く出してよ」

と言う夫に、Kさんはムッとして、

「自分で探してよ」

と言った。すると夫は、

「看護師のくせに。冷たいな」

と売り言葉に買い言葉。

実はKさん、帰宅したときすでに「まずいな、気をつけなくちゃ」と思っていたそうだ。空腹で疲れているので、心中、夫が黙ってくれているといいと思っていたが、その雰囲気が相手に伝わらなかったらしい。

タイミングって大切だ。空腹や睡眠不足など、基本的な生理的欲求が満たされないときは、心のゆとりも生まれない。以前、空腹のときは怒りっぽくなるから要注意、と書いたことがある。頭でわかっているはずのそんなことが、親しい関係だとつい忘れてしまう。そして相手を思いやるのが後回しになり、トラブルの元になる。

サイモン・バロン＝コーエン英ケンブリッジ大教授によると、男性は女性に比べて相手の表情や雰囲気から気持ちを読み取る力が弱い人が多いという。だから、Kさんのようなトラブルも生じやすい。

相手といいコミュニケーションをしたいと思った場合は、タイミングも大切。相手の生理的な状態を見て話しかけるとスムーズにいく。ほんの数分待ってほしい、と思うこともある。その雰囲気がわからない相手には、

「ちょっと10分待って」

ときちんと表現することも必要だ。

相手の状態を思いやるゆとりと自分の状態を表現して伝えること。双方のこうした姿勢がコミュニケーションをスムーズにする。

かつて男性は、「フロ、メシ、ネル」の三つしかしゃべらないのが理想、と言われた時代があった。「言わなくてもわかるのが最高、妻はそうでなくちゃ。空気みたいな存在がいい。それにしても昔の女性はすばらしかった」などと語る人もいる。

言わなくてもわかる、たしかにすてきだ。そのためには、相手の行動や表情をしっかり観察して意識を集中することや、相手を思いやる想像力が必要となる。問題は、かつての「言わなくても察してくれる」関係が、しばしば一方通行だったこと。

つまり女性側は相手を思いやるのだが、男性側は妻がどんな思いを抱えて悩んだり傷ついたりしているか、思いやるのを忘れることが多かった。たしかに、男性は「いや、妻には感謝している。言わなくてもわかるはずだ。妻がいなくては困る」と言う。だが、「いなくて困るのは、日常生活に不便が生じるからだけ」

と感じる妻も多い。

知人の義母が脳梗塞で倒れ、退院して間もないころの話。義父がまだぎこちない手つきでミカンをむく妻に「おい、肩もめ」と言うのを聞き、知人は怒っていた。相手のつらさを思いやるという点から見ると、一方通行の関係が続いてきたのだろう。

ところで、このところ相手の思いをくみ取ろうという気持ちの人が少ないように思う。一方通行の関係を見ていて、もう嫌だ、と思った世代が大人になったためだろうか。言わなくても察してくれる人が、極端に減った。

さらに人間関係をややこしくするのが、ごくわずか、言わなくてもわかる人がいること。そうした人には、いちいち言う必要もない。言わないとわからない人には、自分の気持ちをはっきり表現しなくてはならない。言っても聞く姿勢を持たない人には、「まあ、仕方ない」とあきらめることも必要。というわけで、その見極めが大切なのかもしれない。

Lさんと夫とは趣味も食事の好みも全く違う。読書と音楽と映画が好きなLさんに対し、夫はゴルフと車とテレビが好き。そんな好みの差が夫の定年後は著しくなってきた。

Lさんが静かに本を読もうかと思うと夫はテレビをつける。ライブを聴きに行こうとすると「よくそんなものを聴くね」と一言。友人とランチに行こうとすると「いつも同じ店で飽きないねえ」。社会人大学に勉強に行こうとすると「家で寝てた方がいいじゃないか」。挙句の果てに、出かける前になって急に用事を頼んでくるから、ついに口論になってしまったそうだ。

夫がテレビをつけている間はそれにつきあっているし、ゴルフに出かけるときも早起きして食事を作っている。ドライブにも一緒に行く。それなのに、どうして夫はこちらに合わせてくれないのかとLさんは不満である。

ひとつでも趣味が合えばいいが、好みが違うと大変だ。Lさんはたまには外食したいが、夫は家での食事が好き。だから決して一緒に行かず、女友達とのランチで鬱憤を晴らしている。

Lさんの夫は定年後、さみしいのだろう。一緒にいてほしいから、ついLさんの足を引っ張る言葉を発してしまう。うきうきした気持ちは、こうした言葉でしぼんでしまう。せっかくの楽しみに水を差さないでほしいと思う。

私の知人夫婦で共に映画好きだが夫はアクション、妻はラブストーリーが好み、だから交互に見たい映画を見に行くというカップルがいる。

そんなふうに譲歩しあえたらいいけれど、できない場合は、せめて相手の趣味や好みにケチをつけて気持ちをしぼませるようなことはしないでほしい。好きなことは人それぞれ。そして、夫が退職後、在宅時間が長くなると、改めてその違いが明確になってくる。

お互いの好みを許容できるゆとりがほしい。男性のみなさんは、とくにご注意を。

6　組織のコミュニケーション・ギャップ

ある病院に、仕事がよくできて思いやりがあり、周囲から頼りにされている看護師さんがいた。「こういう方がいてくれて安心ですね」などと話していたら、数年後、突然退職されたと聞いて驚いた。

また、知り合いの会社にやはり仕事ができて温かい人柄の女性がいた。「こういう方が将来管理職になったら、日本もさぞ変わるだろうな」と思っていたら、これまた数年後に、体調を崩して退職してしまった。このところ、30代半ばの優秀な女性が、燃え尽き退職する話を聞くことがある。

優秀というのは、ただ仕事ができる、ということではない。前述の2人のように、人の話を聞く温かい人柄を持っているということである。ただし、こうした優しい思いやりのある性格傾向が、本人を燃え尽きさせてしまうのだ。

というのは、優しく話を聞いてくれる人に対して、他の人は安心してどんどん心を開くようになる。そのことはいいのだが、受け入れてくれやすい人にどんどん頼ってしまうことも起こるのだ。前述の優しい看護師さんには、患者さんだけでなく、同僚も医師たちからも相談事や頼み事が多くなった。それをイヤな顔もせず引き受け続けているうちに、すっかり燃え尽きてしまったようである。

話を聞いてくれる人には、ついグチをこぼしやすくなる。そのグチを受けとめ共感するのは、エネルギーの必要な仕事だ。いつもいつもエネルギーを消費するばかりで補給しなければ、数年後には燃え尽きてしまう。

優しく温かい人柄を持っており、人から頼りにされる人ほど、自分の心のエネルギーの補給も忘れないでほしい。また周囲も、元気で優しい人にだけ面倒なことを任せてしまうのに、注意してほしい。

「こういう人がいてくれると助かる」と思う人が燃え尽きないよう、お互いにサポートし合う環境が作れたら、と思う。そして周りから頼りにされている人は、時には周りに助けを求めることも大事で、つらい時にはかかえこまず――そのつらさを人とわけあうことも学んでほしい。

看護師のMさんは担当の入院患者さんから、

「あなたなんか主任の資格なんてないわよ。院長に言ってやめさせてやるから」

と言われガックリしたという。一生懸命やっているのにそれが伝わらないつらさ。相手は病気でいらだっているのだろうが、最近責任のある立場になってそんなことが重なったために、気分が落ち込んだ。言われた言葉が常に頭にこびりつき、そのことばかり考えるようになって、ついに真剣に仕事を辞めようかと考え、職場に出かけるのが苦痛になったのである。

反論できない立場というのは、仕事のうえでたしかに存在する。商売、とくにお客さん相手の仕事だと、理不尽な言葉でも反論できないことがあるだろう。客室乗務員が天候不順で遅れた飛行機の着陸時刻について、客に怒鳴られているのを見たことがある。

相手のイライラや八つ当たりを受けとめなくてはならないことが職場には存在

する。反論したり自分の感情を表現できれば問題はないが、それができないから、抑圧した感情が心にたまっていく。Mさんのように相手が病人だと、そんなことが多く、しかも医療機関は守秘義務があるから、外部の人に話して鬱憤晴らしもできない。

そんなときどうするか？　とくに医療や介護、教育の現場で相手を受けとめねばならず、守秘義務のある仕事に携わる方は自分が燃え尽きないように、お互いを理解し、サポートし合える同業者を持つようにおすすめしたい。

愚痴をこぼし合うのではない。どのように物事や相手を受けとめていくか、より良い方向をお互いに考え、共感し、仕事を伸ばしていく仲間である。同様な職業の人を研究会などでみつけたり、かつてのクラスメートと連絡し合うのもいいだろう。

アメリカでは、カウンセラー同士がお互いにサポートし合い、話し合うような仲間づくりをして連帯感をたかめ、心のケアをしている場合をよく見かける。

仕事の責任が重くなった人こそ、ぜひその機会に仲間づくりをされてはどうか。

Nさんの勤める中小企業はオーナー会社。オーナーは2代目で、好き嫌いでものごとを判断する傾向がある。

2年前、ある大企業幹部を定年退職したO氏がその会社に遊びにくるようになった。オーナーの友人だからである。O氏はとても話しやすい好《い》い人で、オーナーにも一目置かれていて、相談役のような形で週に1回ほど来社し、社員とも交流するようになった。

ところが1年前、O氏は突然、取締役に就任。途端に態度が一変したという。それまでの話しやすさは消え、社員の態度をオーナーに報告したり、会社の利益のためという名目で、仕事の内容、人事までうるさく口出しをするようになり、部下の意見には耳を貸さなくなってしまった。

社内を歩き回るO氏は社員にとってはやりにくいことこのうえない。なにしろオーナーの友人だから、悪く言われたら困るのである。雰囲気が悪くてストレスだ、とNさんは嘆いている。

偉くなった途端、人の話を聞くことができなくなる人は多い。部長のときはあんなにいい上司だったのに、ポストが上がったら話を聞いてくれなくなった、などという声も聞く。人とのコミュニケーションは、自分一人では生きていけないと思ったときにはじまるという。立場が上になると、どうしても「自分ですべてができる」と思ってしまい、そんな無意識のおごりが他者とのコミュニケーションを妨害する。

立場が上になったときこそ、自分が主張するより相手の話を聞くことが大切なのだが、日本の場合全く逆で、立場が上の人ほど話し、部下ほど聞いてばかりである。こうした組織は会社ばかりでなく、すべての場でコミュニケーション障害を起こしてしまう。

家庭、会社、学校、自分のまわりのコミュニケーションを見直してほしいものだ。

7　おばさんと呼ばないで

パートで働くPさんは、職場で「おばさん」と呼ばれている。そのたびに、私だって名前があるのにと嫌な気分になる。しかし、地方の少人数の事務所で雑務をしているPさんとしては嫌な顔などできない。そんな顔をしたら逆に周囲の男性から何を言われるかわからない。「おばさんのくせに」と言われたらさらに傷つきそうだし、不況の折、職があるだけましだと思って我慢している。

大学生のQさんはゼミの食事会で、担当の教授から「お酌がヘタだな。ホステスになれないぞ」としじゅう言われるのが嫌でたまらない。でも、文句を言えば「冗談のわからない堅物」と言われそうで黙っている。最近は食事会に行くのに気がすすまない。

女性にとって嫌な言葉は多い。しかも、そのことを指摘すると、うるさい女、生意気、むずかしい人というレッテルをはられてしまうことも多い。不満感を心にためて、抑えてしまうことがほとんどだろう。

同じ女性でも「そんなことは軽く受け流せなければ一人前じゃない」と言う人もいるからやっかいだ。しかし、コミュニケーションの視点から見ると、相手に嫌な思いをさせているということは、職場でも学校でも仕事や学業のうえでの信頼関係を失い、いい結果を生まないだろう。

対策は男性、女性双方に必要だ。男性は、相手の立場に立ち、相手を不快にさせてからかうような言葉をつつしむこと。つまり、思いやりを持つこと。女性は、明るく軽く、しかし、しっかりと不快感を表明すること。つまり、おばさんと呼ばれたら「私の名前は○○でーす」と、にこやかにきっぱり宣言すること。役職が上の人には言いにくいものだが、心のなかに不満をためると、いつかそれが膨れ上がり感情爆発や体調不良などの引き金にもなる。

それにしても最近、上の立場にある男性がもっと感性を持ってほしいと思うことが多い。

Ⅳ　社会とかかわる

1　次の世代を育てる

大学生のAさんは、半年前からボランティア活動をはじめた。成人になったし、何か社会の役に立つことができれば、という思いからだった。

ところが実際に活動をはじめると、マナーのひどい大人が多いのに驚いたという。ゴミをポイ捨てする人。子供を遊ばせながら、平気で食べ物を散らかして片づけない母親。そうした人たちに注意もせずに知らん顔の大人にも、「一体、何なんだ」とがっかりした。人に迷惑をかけている人が社会的に地位が高いことも多く、何だか、まじめに生活するのがバカらしく思えてしまったらしい。

今、たしかにすてきな大人が少ない。子供のころは、大人のすばらしさを感じさせてくれた方がいた。小学5年のとき、夏休みの自由研究の宿題で、私はテーマに恐山（青森県にある死者の霊が集まるとされる山）を選び資料を集めたが、そのなかで宮本常一氏の書かれた本に感動して著者に手紙を出した。研究のために資料を貸していただきたいこと、教えてほしいことなどを手紙に書いたのである。

しばらくして氏から返事が届いた。返事には、まずあなたのような失礼な人は見たことがない、というおしかりがあり、その理由として資料を借りるのに期限を設定するのはあなたの都合であること、研究というのは自分で歩き調べたことを書くのであって、他人の資料を借りるのは論外であると書かれていた。

小学生の私は氏の怒りに驚いたが、研究とはそうしたものだと初めて知った。後に宮本氏が民俗学の大家であることを知ったが、小学生相手に真剣に「研究とは何か」を論じてくれた氏に頭が下がる。一度もお会いしたことのない大先輩の研究に対する姿勢は、今の私の仕事のポリシーになっている。

自分が今、小学生に資料を貸してくれと言われたらイエスと言ってしまうだろう。研究論文をねつ造する教授がいる現在、見かけのかっこ良さやものわかりの良さだけを求めるのではなく、研究に対する真摯《しんし》な思いを伝えていきたいと思う。

無重力の空間にいると骨がもろくなることは、よく知られている。宇宙飛行士は宇宙空間で生活したあと、骨量が不足しないように、特殊なトレーニングで予防する。

適度な負荷をかけるというのは何ごとにも大切なことらしい。筋肉を丈夫にするために、スポーツ選手はウエートトレーニングをする。負荷をかけ、筋肉内の繊維に微細なダメージを与え、それが修復される過程で筋繊維が前より太く、丈夫になるのだ。

もちろん、かけるウエートに関しては綿密な計算が必要だ。重い負荷をかけすぎては壊れてしまうし、軽すぎると効果が期待できない。こうしたプログラムを組むために、必要なのは、専門性や知識に加え、本人をよく知り、個人の体力と目的がしっかりわかったトレーナーである。

ところで、最近こうした体のトレーニングと心のトレーニングはとても似ているなと思うことが多い。子供を妙に「関門逃れ」させてしまう親が目立つようになったなあ、と思うようになってから久しい。たとえば「うちの子は受験なんて大変だから海外に留学させます」と言って遊学させ、帰国後、会社勤めに適応できなくなるケース。「お金の苦労はさせたくない」と言って、マンションや車を買い与え、優雅な生活をさせてしまい、毎日仕事して月20万弱の給料なんてばかばかしくてやってられない、と勤めを転々とするケース。ちょっと人間関係がギクシャクすると、ストレスになると言って、仕事を辞める娘。そんな娘に小遣いを渡す親……。

子どもに挫折させまいと先まわりして関門をくぐらなくてすむようにしていると、子どもは「いつも親が助けてくれる」という思いを無意識にうえつけられてしまう。

成長するには、ちょっとした大変さを受けとめ、自分なりに工夫しながら生きていくことが大切だ。それが過剰な無理なのか否かは、親としての意識と子供の力を把握する力で判断できるはず。

負荷を加えられず育った子供が就職する年代になってきた。せめて今からでも、心のトレーニングをしてほしいものである。

❧

若い人たち向けの禁煙教育がはじまったという報道を見て、いいことだなあと思った。禁煙教育で大切なのは、「医学的知識」をきちんと学んでほしいということだ。

というのも、禁煙と口にすると、愛煙家の大人からとても感情的な反応が返ってくるからだ。その反応を変えないかぎり、若い世代の禁煙は進まないように思う。

一番心配なのは、子供に禁煙と言っておきながら、そばで教師や親がたばこを吸っていること。まったく説得力がない。禁煙を言えば「子供は将来があるが、自分は自己責任で吸っている」、あるいは「喫煙の権利はどうなんだ」という答えが結構多い。

「たばこを吸わないでほしい」と頼んで「心が狭い人」「包容力のない人」と思

われるのが怖くて、やむを得ず周囲のたばこを我慢する人もいる。たばこにノーと言えない背景には、一種のパワーハラスメント的要素がある。

だからこそ知ってほしいのが医学的知識なのである。まず、たばこの煙は吸う本人だけの問題でなく、むしろ周囲の人にも悪影響を及ぼすのだ。きちんと分煙された設備のある場所以外では、周りの人や生き物の健康を害する。喫煙者の飼い主に飼われている犬は、肺がんのリスクが1・6倍になるともいわれている。親がたばこを吸っていると、子供も早くから喫煙習慣がついてしまう。また、子供のぜんそく様気管支炎やせきのリスクも高くなる。

大人がおいしそうにたばこを吸っていたら、子供に吸うなと言うのは難しい。WHOではたばこ依存は子供のころからはじまると指摘しているから、大人の責任は大きい。

ここはひとつ、たばこを吸う権利を主張するより、子供たちの将来のために大人が習慣を変えることで禁煙を広めたいもの。愛煙家の人たちには苦しいだろうが、我慢したその1本は、周囲の人々や自然に対する愛情だと思う。

5月の連休中、久しぶりに後輩たちと会う機会があった。おい夫婦と元ゼミ生、そして数年前まで私の仕事を手伝っていた元スタッフである。

20年前、ちょうど働きはじめたばかりのおいは無口で頼りなく、これで大丈夫かなと内心心配していたが、いつの間にかしっかりとし、無愛想であいさつの苦手だっためいも、すっかり明るい社会人になっていた。元ゼミ生もきちんと大人になり、「春になると体調が悪くなるから仕事を休みまーす」としょっちゅう休んでいた元スタッフは、私がアメリカに行くようになってから別の企業に就職し、今度は休まずに仕事をしている。自分の体調を調整する力がついたのだろう、おのおの大人になり、生き生きとしている姿を見て、社会、そして仕事を通して、若者たちは成長したんだな、と実感した。

身内相手やアルバイトでの仕事では、ついつい甘えが出てしまう。ちょっと調子が悪い、と休んだりサボっても、文句を言われることはあるが、大抵は大目にみてもらえる。仕事を放り出しても学生だから仕方ないか、と許される。

責任を持って働くのは一種の修業だ。体調がいいときも悪いときもある。好調なときにいい仕事をして一発勝負、というわけにはいかない。不調の日にどう自分と向き合うか、という修業の場が仕事である。元スタッフに「もう、春だからって理由で休まない?」と聞いてみた。「休もうかなと思うときもあるけど、でも行ってます」と、笑って返事をされた。

無理はしない、でも甘えはしない、という自分とのつきあい方、まわりや社会とのかかわりは仕事で磨かれる。私自身も、仕事を通してどんなに成長させてもらっただろうと思う。それは仕事自体より、自分や周囲とのつきあい方、生きる姿勢の修業だった。今、若者の就職率が低くなっている。若者から生活の場、修業の場を奪わない政治を強く願っている。

2　仰天コミュニケーション

以前、ニューヨークのそのホテルには、4人のベルボーイがいた。その後しばらくして、ベルボーイは2人になり、ついにたった1人に。部屋の冷蔵庫もルームサービスもなくなった。1階のレストランは朝食のみで、昼・夜は閉鎖。すさまじいまでの経費削減だった。おかげで、「日本なら、どんなビジネスホテルでも冷蔵庫がないところはないなあ」と、改めて日本のホテルのサービスとホスピタリティーに感謝した。ところが、である。

四国で仕事があり某ホテルに1泊した。航空会社が手放し、鉄道会社に経営が移行したそのホテル、建物は立派である。しかし、到着したときから「変だな」と思うことが頻発した。きわめつけは翌日の出発間際だ。

コーヒーを飲もうとラウンジに入った。ところが、隣で男性客がたばこをたてつづけに吸いはじめた。私はクーラーのせいでのどの具合が悪かったため、席を代わろうとウエートレスを探した。しばらく待つが、誰もいない。仕方なく、自分で水やコーヒーを持って席を移った。新しい席と2往復する間も誰もこない。人手不足なのだ。

やれやれこれでゆっくりコーヒーを飲めると思ったら、ツカツカとウエートレスが現れて、「お客さん、あっちの席から移りましたね。勝手に席を移られちゃ困るんです」

びっくりした。「あなたたちを探したけどいなかったのよ」と説明したが居心地が悪く、コーヒーは半分しか飲まずに出た。建物はきれいなのに、人手が足りないから相手の気持ちを察するゆとりが失われているのだ。殺ばつとした表情は人手不足の忙しさのためなのだろうか。それにしてもこれがホテルのスタッフの態度かと驚いた。

このホテル、マネージャーも皆若かった。かつて、ホテルはもてなしのお手本だった。だが今、誇り高い時代のホテルマンたちは、リストラされてしまった。採算優先、利益第一に走ると失うものも大きいのではないか、と心配である。

人気のレストランに電話する。

「明日のランチの予約をとりたいのですが……」

「はい、ご予約ですね。ではお日にちからお願いします」

「……」


カフェにて。

「ショートサイズのホットのコーヒーを」

「はい、コーヒーですね。サイズはどういたしましょうか？」

「……」


初めて行く美容室に電話。髪のトリートメントのコースがたくさんあるので内容を質問する。受付の返事。

「私は受付で担当者ではないので、いらしてから聞いてください」

コースによって時間が全く違うので困るのだけれど……。

会社に電話。名前を告げると、

「いつもお世話になっております」

さわやかでいい感じのお返事。不在の相手に伝言をしようとすると、

「すみません、どちらさまでしょうか？」

あらあら、と思うことが多いこのごろだ。

百貨店のブティックにて。仕事向きのジャケットを買おうと思ったが、袖が長い。若い女性店員が、書類をはさむクリップで袖口をとめた。クリップの重みで袖にシワが寄り、きれいなシルエットにならない。買いたいから袖の長さをきちんと決めたいと話したが、最後までクリップでとめたまま、ピン打ちはしない様子。買うのはやめた。

友人に話したら、「もしかしてピンでとめて長さを決めるなんて知らないんじゃない？」。素人の時代だ。分業とマニュアル対応。コミュニケーションの不在。

前述のレストラン、美容室には最近行っていない。件のブティックにも行く気がしない。とはいえ友人に話すと「そんなものよ今どきは」ということだった。

消費の低迷は、こんな珍問答、コミュニケーション不在にも原因があるのでは。

大学の講義が終わったあと、駅でコーヒーを買い新幹線の車内で飲みながら帰るのが気に入っている。ところが最近こんなことがあってびっくりした。あるコーヒー店での会話。

「○○をテイクアウトで手さげにお願いします」

店員さんはにこやかにうなずき料金を告げてこう応える。「店内でお召し上がりですか」

私は再度、「テイクアウトで手さげに入れてください」と答えた。彼女は再びうなずき、「店内用マグカップでご用意してよろしいですか?」

さすがにまずいと思い、「これで3回目なんだけど、テイクアウトでお願いしたいんです」と言いながら、「あー、聴いてないんだなあ」と思った。

実はこれと同様のことがこのところ頻発し、「聴く力」の低下をひしひしと感じている。自分が発言することと手順に意識が集中し、相手の言葉を聴く姿勢ができていないから何度言ってもコミュニケーションの壁ができて、それにさえぎられてしまうのだ。これは危険。もしかして講義の重要なところも聞き逃されているんじゃないかしら、とチェックしてみることにした。

大学では、医学生ではない学生が健康に関する知識を獲得することで医師と一般の方の間の知識の壁を低くするヘルスコミュニケーションを教えている。その日の講義内容は「熱中症」、とくに命を落とす人もいる「熱射病」について。すみやかに体温を下げる処置をしつつ救急車で病院へ運ぶというポイントについて3回繰り返し説明したあと、抜き打ちテストを行った。重要ポイントについて正確に答えられた人は70人中数名。「聴く力がない！」と学生にカミナリを落としたら教室中が凍りついた。あとでゼミ生が「そんなに怒る先生っていません」。そうか、また人気下降か、と思いつつ、若者の聴く力を回復する対策を練っている。

さて、マニュアルはとても便利で、それに沿って対応すると自分が必要な情報を獲得できる。しかし逆に、相手が自分に伝えたい情報を聴きとる力はアップしないこともあるだろう。

ファストフード店などなら「ちょっとした聴きとりミス」ですむけれど、ちょっとしたミスですまない分野もある。たとえば、医療の世界ではどうだろう、と思うとこれはこわい。

問診でほぼ診察が決まるというくらい、診察室での会話は重要だ。最近は、患者さんの顔もまともに見ることなく、パソコン画面のカルテを眺めて、それに入力しつつ話をする医師もいると聞く。マニュアル通りに質問しカルテに記入。患者さんの話の微妙なニュアンスを聴きとるのは難しいだろう。またマニュアル通りに質問されると、患者さんの側も自分の言いたいことを十分に話せず、マニュアル質問に誘導された返答に終わってしまう可能性も出てくる。これは危険である。

聴く力は「察する能力」に通じる。ただ聴くだけでなく、そこから相手の気持ち、状況を察することが、日本語というきわめて特殊な言語を持つ私たちの文化とコミュニケーションの基盤になってきた。それが崩壊している。

マニュアル対応は初心者でもそこそこ対応ができるという利点を持っているが、この方式に頼っているとコミュニケーションはどうなるのだろう。

海外で今まで必ず言われてきたのは、「日本のサービスってすごいよね、ホテルもレストランも旅館も飛行機も。日本に旅行したい」という、いわゆるホスピタリティーの高さ。それもこれも、マニュアル対応ではない時間をかけた「察する能力」のたまものだ。政治、経済で後れをとる日本。察する能力は絶対守っておきたいと強く思うのだ。

3　少数派は生きにくい

私は生まれつき左右の視力に差があるのだが、最近その差がひどくなってきた。眼科で調べたところ、数千人に一人くらいのめずらしい程の左右差らしい。

ひとつひとつの眼の機能には問題がないのだが、ものを見ようとした場合、立体的に見ることが大変で眼精疲労がひどくなる。読書用と外を歩くとき用、パソコン用とそれぞれメガネを作り、紫外線をシャットアウトする特殊レンズを入れて対策をしているが追いつかない。

とくに困るのは、今、ほとんどすべての仕事や通信がパソコンで行われていることだ。私にとってパソコンの画面は苦行でしかない。いくらメガネをかけていても数分見るだけで眼が痛くなってくる。

日々の伝達のほか、仕事以外の調べものでも、ほとんど何でもホームページを見てください、ということになる。チケットやホテルの予約もパソコンを使うと安くなったりする。仕事以外にはなるべく画面を見ないようにしていると不便このうえない。

私のような視力の持ち主は少数派で、たいていの方は画面を見ることなどごく当たり前にできるだろう。世の中は大多数の人の利益と便利のために動く傾向が大きい。だから、パソコンがなかったり、お年寄りで機械に慣れていない方は社会的弱者になってしまう。パソコンでしか申し込みを受けつけないものごとが増えているからだ。導入した側にはそんなつもりはなくても、少数派や弱者は切り捨てられる結果になっている。多数決と言われるとなすすべがないが、少数派であるために生きにくさを感じている方もいるだろう。

手助けしてくれる人がいない少数派は、生活に支障をきたすだけでなく、孤独感や淋しさを感じるだろう。自分ができると当たり前に思えるが、それができない少数派もいる。このことを心のどこかにとめておかないと、すさんだ社会になってしまう。

ある会から、会員が数千人に達したという報告の文書が届いた。書面には誇らしげにいかに会員が短期間に集まったかという内容が記されている。それはまったくまっとうでごくふつうのことなのだが、私は常々こうしたごくふつうのことに「アレ？」という気分になる場合が多いのだ。

たしかに、数が多くなければパワーにはならない。ものは売れなければ、視聴率は上がらなければ、力にはならない。学問の世界でも学会の会員数が多くなければ力は弱いし、政治でも数がそろわなければ政権は握れない。

だから、「数」は社会の基準となっている。支持する人が多いことは、人気のバロメーターだ。では逆に、「数」の論理で負けているからそれはダメなものだろうかというと、逆は必ずしも真ならず、である。私事だが、私の本はベストセラーになったことがない。数の論理からみるとダメな商品である。何十万部も売れたらさぞ気分が良いだろうとも思うが、先月、出版社から転送されてきた一通の手紙を受けとった。

それは読者からのもので、「この本は自分のために書かれたと感じて、泣きながら読みました」と記されていた。数の論理の栄光は得られないが、この手紙は私の宝物だ。数の論理はお金とパワーを生む。何百万人が泣いてくれればもっとうれしいと思うかもしれないが、それはありえない。

なぜなら、数の論理を基準にものを選ぶとき、そのものを求めているというより、「より売れている」「みんなが求める」ものを買おう、参加しようとして選ぶ人も増えるし、それをもとに何か商売しようと考える人も増えるからだ。数の論理と幸せの基準とは、往々にして嚙《か》み合わないことが多い。経済や政治は数の論理で動く。しかし、学問や芸術、人間関係という分野では、それ以外の幸せの基準も残しておきたいと思う。

4　日本という国を見つめる

日本経済はデフレに陥り、不況感が高まっている。ものに満たされたのだから、次は自分らしい生き方をしようなどと言っていたのは遠い過去の話になり、今は老後の不安で、とにかくものとお金が最優先というムードになっている。

作業の効率化、人件費カットが叫ばれ続け、いつの間にか、日本は再び結果を追い求める社会になり、心の問題はどこかに追いやられている。衣食住が足りなければ、そんなゆとりは生まれない、と思われがちだ。しかし、物質的に満たされない社会だからといって、必ずしも心が満たされないわけではない。

30年前、アフリカのカーボベルデ共和国に行った。大西洋に浮かぶ小さな貧しい島国だ。食糧も水も薬も足りないが、人々はすさんでいるかというと、決してそうではない。少ない水を甕《かめ》に入れ、頭上にのせてみなで運び、病人や老人に分けて、手助けをする。

効率で考えれば切り捨てるべき人の手助けを当たり前だと考え、明るく協力し合い、歌いながら水を運んでいた姿は、今も私の脳裏に焼きついている。仕方なく手助けをするのと、当たり前だから手助けをするのは違う。せねばならぬことと、自然にできることとの違いともいえる。この差は、他者に共感できる力の差でもあろう。

自分の右腕が疲れたら、左手でマッサージする。肩がこったら、手で肩をたたくし、指をケガしたら思わずおさえる。指をケガして、おさえもせず放っておくなどということはないはずだ。なぜならそれは「自分の体」だから。指も肩も手も、すべてが自分であり、つながっているから自然にできる。指の先をほんのちょっと傷つけても、不快は全身に及び快調ではない。

社会もそれと同じ。人と人とはどこかでつながっている。気分もまた人から人へと伝わっていく。誰かが苦しんでいたら、体と同様に快調とはならない。そのことに気づく人が少ないのは残念なことだ。

アメリカの社会学者の論文を読んでいたら、ちょっと驚くデータが発表されていた。国別に、「結果が不確実なことを避ける傾向」についてランキングをつけている。つまり、結果がはっきり良いとわかったものでないと一歩踏み出さない、という傾向の調査で、日本は対象の約40カ国の中で最もその傾向が強いのであった。

新しいものがイヤなのではない。そのことやそのものが確実に売れたり、効果をあげることが重要で、つまり結果至上主義とでもいうのだろうか。

どうだかわからないけどまあやってみるか、ということは比較的少ないということなのである。

参考までに、結果が不確実なことを避けないお国柄は北欧のスウェーデンなど。アメリカは両者の中間くらいだった。ちなみに、この指標が「男性優位度」と組み合わされて統計処理されており、その表を見ると、日本は飛び抜けて不確実性回避と男性優位度が高く、驚いてしまったというわけだ。

不確実性回避傾向というのは、別の見方をすれば堅実でリスクも少ないということになる。安定した社会なら堅実である。しかし一方では、リスクがありながらも大進展、大成功ということも少ないだろう。このような傾向は単に社会の慣習というだけではなく、日本人の遺伝子の特徴ともかかわっているかもしれない。遺伝子のなかには「新奇探求遺伝子」というものがある。こうした配列を持つ人は、新しいことに興味を持ち、結果はともあれ次々とやってみる傾向があると言われている。欧米人にはそうした遺伝子を持つ人が多いが、日本人には少ないとされている。堅実型は、こつこつと安定した仕事を続けるには向いている。

さて、長年の社会の傾向は、それに気づくことが大切だ。我々の社会は、結果が見えないと動かないという問題点に気づくことが、変化の第一歩になるかもしれない。

電車内の雑誌広告に「一歩新しい世界へふみ出そう」というベンチャー企業を立ち上げる特集がのせられていてサブタイトルに「リスクの少ないやり方は」などと記されていたと苦笑していたアメリカ人の知人がいた。たしかにこれは日本式広告かもしれない。

　講演で日本へ来たハーバード大学の教授が新幹線のグリーン車で配られる紙のおしぼりに感動し、おみやげとしてボストンへ持ち帰った。いわく「日本ってすごく清潔だよね。すごい」。

　たしかに、アメリカでは国内線の飛行機も、列車も、おしぼりなんて配らない。私は、日本に帰ると、スポーツクラブのプールの水質の良さやタクシーの車内の清潔さにほっとする。もちろん、食品の質も同様で、アメリカの1カ月以上賞味期限がある豆腐や、室温で置いておいても傷まない保存料たっぷりの野菜にびくびくしなくていいから、本当にうれしい。

　きちんとしたサービスのホテル、時間通りに運行される交通機関、残高がゼロでもちゃんと無料で口座を維持してくれる銀行、三枚おろしの上手な魚屋さん……。日本だと当たり前のことが、アメリカでは当たり前ではない。自分の国の良さは、自分の良さとよく似ていて、なかなか気づかない。自分の良さに気づかず、一生懸命他人のようになろうとする人は多いが、国の場合も同じである。

日本は、一生懸命アメリカの後を追いかけて、自分の持っている良さに焦点をあてることを忘れてしまったように思う。今、日本は競争格差社会に到達しつつあるが、アメリカはすでにそのひずみで生じた教育や医療の格差を是正しようと、方向転換している。

自分自身の良さや自分の国の良さにもう一度目を向け、それに磨きをかけたいものだ。清潔さやまじめさがないがしろにされる風潮は、悲しい。

5　気分は伝染するもの

この2週間ばかり、イラ立つ人々を目にする機会がやけに多かった。交差点でどなり合いをしている人がいたり、ひどい場合は、渋滞した道のまん中でトラックの運転手がおりてきて、隣にとまっているタクシーの運転手をこづいて大声で叫んだり。東京駅の切符売り場でどなっている中年の紳士を見たこともあった。ずいぶん気持ちが荒れている人が増えたなあと心配になっていたとき、秋葉原で悲惨な事件が起きた。

ガソリン代が上がったのをきっかけに、生活用品や食料品がじわりと上昇した。みんなが不安になり、閉塞感を感じる人が増えた。どなるほどのことでもないのにイラ立つのは、そのときの出来事以外のことですでに怒りを感じていて、ちょっとしたことでキレてしまうからである。内心不満でいっぱいの人が多いから、ささいなことでどなったり暴力にエスカレートしてしまう。そうして、その理不尽な怒りの対象になった人がまた気分を害するという悪循環がくり返されてしまうわけだ。

ある職場で希望者に心の健康度のチェックをしたことがある。一見ふつうのその職場の人たちだが、元気な方はごくわずかで、気分の落ち込んだ方が多くてかなり驚いた。

格差がとりざたされると、いわゆる勝ち組の人たちは、がんばる人が勝つのが当然と言ったりする。しかし、どうがんばってもスタートラインの条件が悪い人がいるのも事実だ。また、個人で仕事をしていて、病気になったりしてがんばれない条件に追いこまれる人もいる。

「自分だけが良ければいい」という風潮だが、周囲に不幸で不満を抱えている人がいれば社会の空気は変わってしまう。一人だけ幸せになることはできない社会なのである。全員が満足というのは理想論で不可能だろう。しかし、最初からそれを投げ出す風潮が人の心を荒れさせる。指導者たちは目指すものを持つ努力をしてほしい。

野生の白さぎのひなが、数羽巣で鳴いている。そのうち、弱そうな一羽をほかのひながとり囲み、巣から落としてしまう。落ちたらひなの下にはワニがいて……。

テレビでそんな映像を見て、友人はありのままの野生の姿に改めて息をのんだという。弱肉強食は本当に厳しくて残酷だ。自然のなかで生きぬくための本能ともいえるが、そうしてみると、弱い者を助け、共に生きていくことができるのは人間だけかもしれない。しかし動物だって、食料が十分あるときに無意味に弱い者を襲いはしないだろう。私は動物学者ではないが、満腹のライオンがシカを追いかけて殺し、「いつかのためにストックしておこう」なんて考えないことはわかる。

弱い者と共に生きるために、人間は畑を耕し、食料をストックする知恵を発達させた。食料が不足しない工夫をしてきた。体が不自由でも生きぬけるために科学を発展させ、体のかわりになる車や道具を作ってきた。すべては弱い者も生きていけるための科学や発展だったはずだ。

ところが現実は、ストックも便利さも、強い者だけが必要以上にためこむいびつさだ。強者がただ心のむなしさを埋めるためにいじめが行われている。人間らしくもなく、かといって野性でもない。自分が生きていくうえに必要なもの以外は人に分けるという喜びはどこへ行ったのか。富を分けあえる間柄が苦しさもまた分けあえる間柄なのだが。こうして人と人とのかかわりが希薄になった分、心はむなしくなる。

さて、先日教鞭《きょうべん》をとっている大学のスタッフから、お母様が作ったらっきょうと梅干しを分けてもらった。味もさることながら、久しぶりに分けてもらう楽しみを味わう。そういえば昔はよく「田舎から送ってきて」という言葉と共に野菜や果物のおすそ分けにあずかった。分けあう喜びは独り占めの満足感を超えている。

＊

タクシーに乗った途端、大渋滞に巻き込まれたことがあった。ふつうならイライラするはずなのに、なぜか気分が落ち着いている。不思議だなあ、と理由を探すとそれは車内に流れている穏やかな雰囲気のためなのであった。

行き先についての道順を簡単に話したあと、運転手さんは道路づたいに華やかに飾られているイルミネーションをちらと見て、「きれいですけどね、毎日見ていると疲れますね」とつぶやく。そしてたまに都心を離れて、夜、郊外にお客を送るときはほっとするのだと言う。

「1時間も走ると街灯なんか全くないところもあるんですよ。そうすると星が空いっぱいで、きれいで本当にほっとするんです」

静かな語り口とゆったりした呼吸のリズムが車内の穏やかな空気を作っているのだった。

これが乗った途端、道が込んでいるのを見て舌打ちしたり、文句を言ったりする人だったら、こちらはいたたまれない嫌な気分になったに違いない。嫌な気分は伝染する。しかし、いい気分、穏やかな気分も伝えることができる。私はその運転手さんに感謝した。

何度も書いたが、今、自分のイライラを周囲に振りまいてしまう人がとても多い。一人のイライラが増幅されて嫌な気分がどんどん広がっていく。

なんとかそれをストップして、いい気分の波を伝える人が増えてほしいと思う。このところ、テレビで盛んに凶悪な事件が報道されて落ち込んでしまう。

「あまりひどいことばかりで、このごろテレビを見なくなったんです」

などと言う人もいる。

悪い気分はどんどん拡がっていくものだ。気分は人から人へと伝播する。しかし世の中、そんなに悪いことばかりなのだろうか。新聞やテレビはもう少し、周囲のいいこと、いい気分の出来事、ほのぼのとしたことも見つけて伝えてほしいと思うのである。

高速道路を走るトラックの車輪がはずれ、対向車線のバスを直撃して運転手が亡くなるという事故が起こった。

最初このニュースを聞いたとき、なぜバスが横転しなかったのだろうと疑問がわいたが、あとでこのバスの運転手がブレーキを踏み、サイドブレーキまで引いて止めたということを聞き胸が熱くなった。運転手はタイヤの直撃を受けていたのである。

人間はとっさのとき、無意識に身を守る。危険を避ける反射が起こるはずなのだ。運転手は自分に向かってくるタイヤを避けず、サイドブレーキを引いた。自分を守るのではなく、乗客を守ったわけである。もし自分を守っていたら、多分命を落とすことはなかっただろう。しかし、乗客の多くがケガをしたり、場合によっては亡くなる人もいただろう。

乗客の話によると、バスは静かにゆるやかに停車したのだという。運転手の方は何十年も無事故で、運転を指導する立場にいらしたという。職業意識もさることながら、とっさのときに自分を守るのを忘れ、人を守るというのは、その方の普段の生き方の反映なのだろう。

意識するだけでできることではない。人にほめられよう、評価されよう、お金にしようというのではなく、温かい心をお持ちだったのだろうと想像する。そんな方がもっと生きて後輩を指導してほしかったなあ、と残念な気がする。

「死んじゃったらおしまいさ、人はすぐ忘れてしまう」などと言う人もいるだろう。でも、そうではない。私はそうした人たちの心を忘れたくないと思う。他人を助けるために命を落としてしまう警官や学生もいる。みな声高に自分の行動をひけらかさない。見返りも求めない。すべて普段の心の反映なのである。

友人とこんな話をしていたら、「こういう人たちに国民栄誉賞をあげたいよね」という声があがった。本当にそうだ。その温かい気持ちを忘れたくない。

V 異文化とかかわる

1　自分の脚本を押しつけないで

以前雑誌に原稿を書いていてアイデンティティーという言葉を使ったら、知らない人もいるので別の言葉にしてください、と言われたことがある。しかし、アイデンティティーを直訳すると「存在証明」となって、ふだん全く使わない言葉だし、と悩んでしまった。

アイデンティティー。その人がどんな人間なのか、自分が何者であるかという意味を示すこの言葉。私たちにとっては日常的ではない。しかし、アメリカにいると毎日のようにＩＤという単語を耳にする。

その理由をはっきり感じるのが地下鉄に乗ったときである。向かいの列に座っている人全員の肌の色が違う。着ているものの傾向も全く違う。どこの国の出身だろう？　ＩＤカードを見なくてはわからない。つまり必要に迫られて自分は何者であるか、を説明できるようになってくるのだろう。

自分はどんな人間で、どんな傾向があってどう生きるか。そのようなことを考える下地は、環境によってはぐくまれるのかもしれない。常にＩＤカードを持たないとものごとが進まない環境にいると、自分を客観的に観察し、自分と対話するチャンスも増える。

前述のように、地下鉄に乗っても店で買い物をしても、実にみな肌の色、体形がまちまちだから、自分と他者がはっきり違い、人それぞれであるということがいやでも認識される。

きちんと話さないとコミュニケーションがとれないな、という覚悟もできるし、人は自分と同じようには考えなくて当たり前ということも自然に体でわかってくる。

日本でストレスの原因として多いのは「相手が思い通りになってくれない」というものだ。自分の脚本を相手に押しつけてしまう。相手は自分と同じように考えるものと思っているとストレスが生まれる。相手は自分と違って当然という認識は、こうしたストレスを軽くするかも。

髪の色や瞳の色が人と違うために、子供のころにいじめられた人は多い。なぜいじめられるのかというと、その理由は単に「周囲の大多数と違っている」という、ただそれだけのことである。

違っていることは悪いことではないはずなのに、自分と違っていると受け入れにくい。だから、からかったり、いじめたりするのだ。そんなとき、教師や周囲の大人は、

「違っているからといっていじめてはいけないよ」

と注意する。

最近、こんな相談を受けた。

Aさんは大学時代に仲の良かった友人が数人いて、ときどき交流していたという。ところが大学を卒業して数年がたつと、それぞれに皆環境が変わり、友人のほとんどは結婚して子供を持った。

Aさんも結婚したが、子供はなく仕事を続けている。子供はほしいのだができないので、友人たちがうらやましく見えることもあるそうだ。

そしてこのごろは、メールで友人と話すと話題は子供のことばかりで会話についていけない。一緒に食事に行くと、子供を持つ友人たちから「早く産まないと年になるわよ」「子供がない人にはわからないでしょ」などと言われる。自分が何か話すと無視され、話題も変えられ、疎外感を感じるという。

同じ環境の人同士で集まり、仲間を作るのは悪くはない。しかし、問題は、違う環境の人をスポイルする傾向の有無である。ある知人は、子供がいてパートで勤めている。独身の正社員の女性たちのグループに無視されてつらいと悩んでいた。

自分と違う環境、人生を選ぶ人を受け入れがたいという問題は大人の心に存在する。その問題を見ぬふりをして解決していないことが、子供の社会のいじめとして表れている気がしてならない。

今は眼が悪くなったので頻繁には行けなくなったが、以前はいろいろなところに写真を撮りに出かけた。そのたびに、エーッと驚いたりヒヤヒヤしたり。

乗客が体重を申告し、機体の左右のバランスを計算しながら座席を割り当てる飛行機は、着陸すると空港係員が消火器を持って滑走路に待機していた（日常的にそうしているとのこと）。こっちの街は新しく建ったから風情がないでしょ、と説明されても納得がいかない古風な街は、4世紀に建てられていた（その土地の人には、4世紀は最近のことなのだ）。

日本では当たり前のことが、その土地ではとんでもないことであり、その逆のこともある。異文化とはそうしたものだろう。異文化圏で心地よく暮らすためには、自分の物差しをちょっと脇に置くことが大切。人間は育った環境や社会環境で自分なりの物差しを作るもので、それを少し柔軟にしておくと楽になる。

さて、日本はみんな一緒の社会環境と思いがちだが、決してそうではない。嫁姑間では、異文化圏で育ったくらい物差しの違いがあることもある。そんなとき、みなそれぞれ違うんだ、と思うだけで相手を受け入れるゆとりにつながる。若いうちは「うちの義母は野菜の切り方ひとつにもうるさい」と言っていた人が、年をとると野菜の切り方で料理の味が変わることに気づいて、ああそうか、と思うこともある。その立場になると気づくことがあるものだ。

物差しが異なる人と上手に共存したい。そのためには、自分の物差しを押し通すでもなく、相手の物差しをうのみにするでもないコラボレーションが必要だろう。

お互いが柔軟に相手の良さを活《い》かし合える接点を見つけよう、とする姿勢が、両者の間に温かい気持ちを運んでくる。自分のまわりの「価値観の違う人」とのコラボレーションが社会を穏やかにするのだ。

2　アサーティブになろう

アサーティブ（assertive）という言葉がある。バイリンガルのアメリカ人の友人は「この言葉ってうまく表現する日本語がないよね」と言う。自己主張的と訳されることもあるが、ちょっと感じが違う。自己主張というと何となく他者を押しのけるニュアンスもあるが、英語のアサーティブは、より「自分の気持ちや考えをきちんと述べる」とのニュアンスが強い。

では、アサーティブになるにはどうするか。前述の知人は、大学でアサーティブになるための講義をしている。彼女によると、アサーティブになるためには「イエス、ノー、イエス」のステップが大切だという。

まず、最初は心のなかでつぶやく自分に対するイエス、である。自分の考えに自信を持って話そう、と心で確認。次にノーは、「感情をともなわない」ノー、「事実を客観的にとらえた」ノーである。最後のイエスは「ネゴシエーション

（交渉）」でのイエス。別の選択肢の提案だ。

たとえば、前から予定していた週末の旅行の日。突然、上司が仕事を頼んできた場合、アサーティブでけんかにならない断り方はどんなものか。

まず、第1ステップ。心のなかで週末は仕事はできないことを確認し、ノーという態勢を作る。第2ステップ。今週は、「私は」前から予定がありダメなんです、とノーを言う。このときの主語は、「私」であることが大事。「あなた」を主語にして「あなたはいつも急に仕事を言いつける」などと叫べば、感情的になり、相手は非難された気分になる。そして第3ステップ。今週はダメですが、前もって言ってくれれば週末でも大丈夫なこともあります、とネゴシエーションのイエスをつけ加える。さいごの代替案が「ノー」の雰囲気を緩和させてくれる。

こんなステップを踏むと、上手に自分の意見を伝えられるものだとか。さて、うまくいくだろうか。お試しください。

アサーティブは、自信を持ち、感情的にならずに話し、かつネゴシエーション（交渉）のイエスを提示する方法だ。アメリカ式のこの方法、日本でやってみると何パーセント成功するだろう。私の感触では、50パーセントくらいかと思う。

私自身は、大体この方法でノーの意思表示をしている。だが日本の場合、その場はそれでオーケーでも、あとで「あの人はちょっとうるさいなあ」と思われて、その後、仕事の依頼がこなくなることが結構多い。あるいは仕事は続いても、陰で面倒な人だとうわさされたりする。

Bさんは、職場で同僚からさまざまな仕事を押しつけられ、とくに人の仕事の後始末が多かった。いつも黙って引き受け、イヤな顔をしなかったので次第にエスカレート。数年間それが続いて体調が悪くなった。会社に行くとじんましんが出ることもあり、休職。最近やっと回復して、今後はアサーティブに仕事をしようと決めたそうだ。

かなり上手に、感情的にならずに引き受けられない仕事を断るようになったBさん。だが、陰でいろいろ言われることも多く、アサーティブになる難しさを実感している。たしかに、日本の風土には「波風をたてないこと」をよしとする風潮がある。「逆らわない人」が出世する場面を目にすることも多い。あとで「こわい人」と思われるのがイヤで、アサーティブになれないことも多いだろう。

もの言わぬは腹ふくるる、とつづったのは吉田兼好だ。吉田兼好も、「ちょっとこわい人」とうわさされたのだろうか。

それにしても、近ごろのリストラを見ると、アサーティブになれない日本の風潮を改善しなければ、心や体を壊す人がますます増えそうだと感じられてくるのだが。

「はっきり言われたから傷ついた」という言い方を、しばしば耳にする。言われた内容にではない。そのはっきりさ、明確さに傷つくのである。

私たちは、良くないことを言わなければいけない場合、ぼかして表現する。ダメとは言わず「可能性が低い」、悪いと言わずに「あまり良くない」。はっきり言う人は、「キツイ人」と敬遠されたりする。あいまいさに慣れていて、ぼかされながら言われたときはその奥にあるものを察するのが、通常のコミュニケーションのパターンだ。

このあいまいさが、政治、経済から病気の告知に至るまで、広い領域にわたっているとは気づいていた。が、先日、これが報道の分野にまで及んでいると指摘された。

米大使館勤務を経て、国際会議の同時通訳などをしている友人がいる。彼女が「日本のニュースははっきり言わないね」と言う。フィリピンで起きたバスジャック事件のテレビニュースを見ていた彼女、画面に映った現地の英文報告書に〝n・i・l〟という言葉を発見した。〝ゼロ〟〝無〟という意味だ。

交渉前の情報収集はゼロで、交渉を専門とする人が事前に決まっていないなど、マニラ警察のずさんな対応による fiasco（完全な失敗）との内容だった。ところが、このニュースでは、「経験の浅い人が交渉にあたったための失敗」と、かなりやんわりと伝えていたそうだ。

「経験がゼロと浅いとでは、インパクトが違うよね」

たしかに、私たちははっきり言われるのに慣れていない。日本語は主語を省いたり目的語を省いても、「察する」ことができる言語だから、という理由もあるだろう。相手が察してくれると想定してコミュニケーションが成立するのは、国内だけ。はっきりしないと成立しないコミュニケーションが国際社会の規定だから、なかなか大変だ。

3 「迷惑」と「お互いさま」の論理

ゴールデンウイークに、この連載のための写真を撮影しに出かけた。パリの空港で乗り継ごうとしたら、オーバーブッキングで席がない。前夜、予約を再確認したばかりなので驚いた。さらに驚いたのは、係員に申し訳ないという雰囲気がほとんどなかったこと。日本の航空会社なら、社会問題になるはずのこうした事態が日常的らしい。

次は、有名シェフがオーナーのあるホテルでのこと。食事の前にシャワーを浴びようとしたら、途中で水圧が低くなりお湯が出ない。頭にシャンプーをつけたままフロントに電話すると、「みんなが使うと出なくなるので、30分くらい待ってみて」。こんなことは、日本ではビジネスホテルでもありえない。しかし逆に、ここではシャワーより料理が大切なのだ。

要は、自分が一番大事にしていること以外は、

「まあ、いいか」

と寛容になれるものらしい。逆に言えば、一番大事なことさえうまくいけば、ほかは我慢できるということだろう。厄介なのは、寛容になれることは人それぞれで、国によっても違うということだ。

「これさえ守っていればうまくいくのに」ということが相手に伝わらず、トラブルが起こるものである。自分が寛容になれることで相手が激怒していると、「なんて我慢が足りない人」などと思いがちだが、相手が一番嫌がることをしていることに気づかない人も多い。これが問題だ。

みな、自分と「まあ、いいか」と思えることが同じだと考えがちなのである。トラブルを防ぐには、相手がもっとも嫌なことは何かを知るために、しっかり相手の話を聞くことと、自分の嫌なことは何かを人に伝えることだろう。

こうした姿勢は人と人でも国同士でも同じだと思う。うまくいかないのは、このところ自己主張は得意でも、聴くことが下手な人が多くなっているためかもしれない。

アメリカに住んで気がつくのは、「迷惑とお互いさま」の論理の違いである。日本では子供のころから、「人さまに迷惑をかけるんじゃありません」などと言われて育つから、他人の思惑や視線が行動の基準になったりする。

人さまに迷惑をかけないように努力するのは大事だが、逆に言うと、迷惑をかけられたときにはひどく立腹して、相手の人間性を否定してしまうこともある。もう二度とつき合わない、などということも起きる。迷惑にはいろいろある。時間に遅れる。約束をキャンセルする。予定を変える。こういったことで「迷惑をかけられて」トラブルになったりストレスを感じたりもする。

アメリカの場合は、「お互いさま」の論理が先行する。自分が迷惑をかけるかもしれないが、相手の迷惑にも許容範囲が広くなるというスタイルだ。ボストンに20年以上住んでいる日本人が、「迷惑をかけ合う、という感覚ですね」と言っていたが、この思考性に気づかないとアメリカに住むことはストレスになるだろう。

つまり、「自分はこんなに人に迷惑をかけないように努力しているのに、相手は迷惑をかけるから許せないわ」とイライラし、友人ができずに孤立したりする。研究室にいても、大きなミーティングではそんなことはないが、研究の途中経過の報告会などでは、たびたび前日にスケジュールが変更になったりする。ちょっと間にあわなくて、などという場合もあるのだ。

日本人だったらまず、そんなことは起こらないだろうなあ、と思ったりもする。さて、日本人はカウンセリングを受けたり他人に家族の介護を頼むのに抵抗を感じる人が多いが、これは、「人さまに迷惑」と共通する心理にも通じる。すべて自分や家族で抱えこもうとすると、それでできるときはいいが、できないとき、破綻する。お互いさま、の思考性がちょっぴり入ると柔軟性が出るかもしれない。

4　アメリカ人は話すのが得意？

アメリカと日本の往復で仕事をしていると、ボストンに着いてしばらくの間、そして日本に帰ってからしばらくの間は、何となく調子が変である。時差ボケではなく、仕事の流れがスムーズではないのだ。

この原因は一体何だろう、と考えて気がついた。アメリカにいるとき、周囲のペースに合わせようとすると調子が変になり、日本に帰って来て、自分のペースで仕事をすると周囲とぎくしゃくするのである。

発言も同じ。アメリカの研究室でみなの意見を聞きながら自分の発言のタイミングを探していると、いつの間にか論点が変わってチャンスを逃す。つまり、アメリカでは、自分のペースを守らないと疲れるし、日本にいるときは、相手にあわせることが大事なのだ。

私は長年日本で生活しているから、無意識のうちに「相手にあわせる」スタンスが身についている。仕事柄、相手の意見や話を聞く態勢ができていて、その無意識レベルの刷り込みが原因になってアメリカに着いてしばらくの間は、自分のペースを作るのに手間どってしまう。しかし、何度も行き来しているうちに、次第に自分のペースを早めに作ることに慣れてきた。

ところが皮肉なことに、今度はアメリカから帰って来たときにちょっとしたトラブルが起きる。はっきりとノーと言いすぎて相手をびっくりさせてしまうのである。先日も若手の出版編集者に、「その企画は私がやるような内容ではないですね。できませんね」と言ったら、横柄な人間だと思われて、企画のやり直しも持ってこなくなった。

ああ、この言い方は日本では通らない、と苦笑い。異文化の間で起きる適応障害の背景には、こうした心理的な差、自分のペースか周囲にあわせるか、はっきり言うか、やんわりとあいまいに言うかの差もあるだろう。海外生活帰りの方たちとかかわる方の参考までに。

アメリカのラジオ番組は、日本のそれとはちょっと違う。私は、ボストンにいるときは、全国ネットのテレビより地元のラジオを聴いている。地元情報はもちろんだが、政治や文化に関するかなりつっこんだ聴取者との討論番組が多く、ラジオに対する意識が日本と違っている。

そんな背景のあるアメリカのラジオ番組で、博士の学位を持つ女性ゲストが黒人差別の言葉を連発した一件が大問題になり、2週間以上CNNを騒がした。この問題に、あのサラ・ペイリンがツイッターでコメントしたこともあり、連日報道が続いた。さらに、CNNのキャスターが興味深い調査を試みた。

肌の色が白から黄、褐色、黒と数段階に異なる子供のイラストを子供たちに見せ、どの子がイヤか、不快感を感じるイラストを指してもらう。子供たちは5歳くらいの年で、もうすでに、6〜7割が、黒色と、黒色に最も近い褐色の肌のイラストに不快感を示したという。中学生くらいに成長すると、「肌の色と人格とは関係ない」と主張する子供も出てくる。しかし頭でそうわかってはいても、しみついた肌の色への差別感は感情的な要素が強く、小さいころからの刷り込みを取り去るのがいかに難しいかを示していた。

報道では、この「肌の色に対するステレオタイプの思い込み」を論じていた。大事なのは、感情的な差別はどうしても存在する、それを忘れてはいけないということだろう。

ステレオタイプといえば、男は強く、女は優しくかわいいのがいい、というのもそう。女性が社会進出して活躍するのがよろしい、と頭ではわかっている男性は多い。しかしいざ、実際に職場で女性が自分よりバリバリ働くと、男性の同僚が同じように働くよりも、ずっと不快になる人が多い。心のなかの刷り込みを無視せず、その存在に気づくのが大切だ。

アメリカ人は人前で話すのが得意で日本人は下手、と思っている方が多いのではないだろうか。

２０１４年、オバマ大統領がヘルスケアプランを発表していた時、ほぼ1時間にわたるスピーチを「読まず」に話していたのをテレビで見たが、ずいぶん日本とは違うなあ、と思ったりした。

学会も同じで、アメリカの学会では、パワーポイントの文字数はごくわずかで、ポイントだけが紹介され、あとは発表者が「読まず」に「話す」。

日本の学会だとパワーポイントの文字数は多くて、「話す」人は少なく「読みあげる」人がほとんど。だから私は、アメリカで発表するときと日本のときではパワーポイントを作りかえる。

それでは、本当にアメリカ人は話すのが得意で日本人は下手かというと、私は決してそうではないと思う。要はトレーニングと経験の問題なのだ。

アメリカの場合、カリキュラムにパブリックスピーキングや、リーダーシップという単位のある大学が多い。もちろんパワーポイントを使い効果的に話をするというコースもある。スピーチ内容だけでなく、いかに聞き手とコンタクトをとるか、どんなふうに動くか、なども評価される。学生が互いに問題点を見つけあったりする。こうしたコースで経験を積めるから、人前でのスピーチが上手になるのである。

私の所属していたダナ・ファーバーがん研究所（ハーバード大学直属のがん研究所）では、職員向けにパブリックスピーチのクラスが開かれていて、職員なら誰でも参加できる。平日のランチタイム、あるいは仕事が終わったあとに行われているのだが、参加者の話を聞くと「自分は人前で話すのが子供のころ震えるくらい苦手だった」という人が多いのに驚いた。アメリカ人はスピーチが得意なのではなく、スピーチの訓練を積み、経験しているのだ。苦手は訓練でしか乗り越えられない、と痛感した。

5　葬儀で数千の市民に見送られる政治家

２００９年8月、上院議員のエドワード・ケネディ氏が亡くなり、ボストンではお葬式が行われ、テレビ、ラジオが生中継していた。お葬式にはオバマ大統領をはじめ、ブッシュ、カーター、クリントン前・元大統領などＶＩＰが集合して参加した。

ケネディ氏がケネディ家の大物議員という認識をお持ちの方は多いと思うが、ケネディ氏はその名前だけでなく、実際の行動で人々に大きな影響を与えていたようである。

私の所属するダナ・ファーバーがん研究所の職員ニュースサイトの第1面は、ケネディ氏の業績についてふれ、彼が研究所にがん研究のための研究費を政府から得られるように努力してくれたことが記されていた。

ケネディ議員は、貧しい人々の医療格差、知識格差をなくすよう努力もしており、その働きもあり、ここマサチューセッツ州は医療保険のカバー率がほかの州より良いのだと聞いた。アパートの近所に住む私立学校の教師は、収入が比較的少ない人には加入しやすいシステムもあり便利だと言っていた。

ケネディ議員は大統領にはならなかった。しかし、驚いたのは葬式ではなく、その前日に行われたお別れの会と、自宅からジョン・F・ケネディ・ライブラリー（記念館）に運ばれるときの沿道だ。数千人の市民が国旗を手に車に向かって手を振って見送っていた。

人種、年齢がさまざまな人々の姿を見ていると、いわゆる「地位」（大統領でなくても）を持たずとも人々の心に影響を与え、尊敬の念を起こさせる政治家の存在が浮き彫りになった。

政治が一部の企業の利益のためになるのではなく、本当に市民、国民のためになることを考えられる政治家がいるのがうらやましく思えた。

新政権づくりの渦中の日本。亡くなったとき、VIPだけでなく市民が数千人も見送るような政治家がいるかしらと、ふと思う。

ケネディ上院議員が亡くなって約2カ月。アメリカの本屋の店頭には議員に関連する著作コーナーができてその人望がうかがわれる。そんな折、出版された回顧本の紹介をかねて2人の息子がテレビでインタビューを受けていた。そしてケネディ議員の人柄を聞かれて「父はとにかくオプティミスト（楽天家）でした。あんなに前向きにものごとをとらえられる人を私は知らない」と語っていたのが印象的だった。脳腫瘍の治療を受けたあともケネディ議員は、「自分はまだできることが何かある。何ができるだろうか」と語っていたそうだ。

そのインタビューを見ていてたまたま前日読んでいた文献を思い出した。オプティミズム（楽天主義）と疾患とのかかわりについて調査したその論文によると、冠動脈疾患は、楽天的な人ほどかかりにくい、という。そのなかで、楽天主義の指標となっている目安に、「自分はまだやること、やりたいことがたくさんある」「時はゆっくり過ぎていると感じる」というものがあった。この指標、なかなか興味深い。あなたはいかがですか？

通常、「やりたいことがいっぱいある」と「時間に追われてゆとりがない」と感じるものだし、反対に「何もやりたいことがない」と「時がなかなか過ぎずどうやって一日を過ごそうか」ともてあましてしまうもの。やりたいことがあるのに、ゆっくりと時を過ごせるなんてよほど前向きでないと難しい。

感じ方というのはその人の個性だから無理にオプティミストになろうとしてもストレスになるだけ。むしろ、もし自分が楽天的でないなら、「私が落ち込むのは、楽天的でないたちだからだ」という客観的なとらえ方をすると、深刻さに向き合う気分にワンクッション幅ができるように思う。もうひとつ、「しなくちゃいけない」という言葉を「これをしよう」というふうに意識を変えることも大切だろう。

Ⅵ　自分自身とかかわる

1　競争が好きな人、苦手な人

昔は運動会というと秋と決まっていたが、このごろは春にも行われるらしい。近くの小学校の運動会がベランダから見えて、子供のころいわゆる「かけっこ」が苦手だったなあ、と思い出した。

今の運動場は、きちんとレーンがひかれているが、私の子供時代はそうではなく、スタートすると内側の一番いいレーンを、周囲をおしわけて確保し、その場をキープしながら走りぬく子供が一等になれるのだった。私はというと、スタートで人をおしのけるのが苦手。みんなを先に行かせてから最後に内側を走るから、当然ビリだ。

親からは情けない子と言われるし、教師からは「気弱で競争社会で生きぬいていけない」「一人っ子だから競争できない子」と評価された。今でも多分、あのスタイルの「かけっこ」をしたら私はビリだろう。でも、今までなんとかこの

「競争社会」で生きぬけたのは、私が「人と競争する必要のない仕事」と「自分と競争する場」を持ってきたという2点による。

医師が病気を持つ人とかかわるのに競争はないし、研究やものを書くことは自分自身との闘いであり、修業だ。社会的にいいポストを得たり有名になるという「競争」をしなければ、十分生きていけるし、むしろ心地良い。

人をおしのけて先に出ようとする本能を持つ人が多いのは、多分、何億年も前から競争で他をおしわけて勝ちぬいた者が生き残り、我々はそんな勝者の子孫だからだろう。

でも、なかには「競争が苦手」な子供がいるかもしれない。そんなとき、周囲はがんばって競争しなさい、とはっぱをかけがちだ。しかし、どうしてもそれができない子供がいる。少数派のそんな子供を弱い人間と決めつけないでほしい。そして、他者とではなく、自分自身との競争を通して社会とかかわる道を探す手助けをしてほしいと思う。

今回も当たらなかった、とはずれた宝くじを眺める方もいるだろう。これだけ景気が悪いと、宝くじにすがりたい気持ちにもなる。私も2年間、アメリカで研究生活をして日本との間を往復していたので、家賃やら交通費やらでやりくりが本当に大変だった。お金があれば、もっと安心して研究生活を送れ、データ入力をする人の人件費も払えるのにと思うが、お金というのは、あればあるでこれまた大変らしい。

お金にゆとりのある家庭の息子さん。親の仕事を手伝っていたが、親の反対する女性を好きになり、独立しようとした。ここまではよいが、それまで外で働いたことのない彼は、次々と職場をやめたり、リストラされてしまう。借りたマンションも、育った豪邸とは違うのでイヤ。彼は、プールもテニスコートもある家で育ったのだ。

もうひとふんばりすれば新たな展開もあるが、親も心配でお金を与えてしまう。

彼は実家に帰り、それでも恋人とは別れずどっちつかずのままだ。

お金がないと生活は苦しい。しかし、お金があれば安易な解決でその場をやりすごす。結局、問題を隠したままで時が過ぎる。前述の例も、お金が息子の自立をはばんでいる。

お金は、あってもなくても大変なのだ。お金さえあれば、と思うが、手にした途端、無意識の慢心を生む。自分の収入に満足している人などどの位いるのだろう。

お金があっても幸せになれる人は、なくても幸せだろう。「お金さえあれば幸せになれる」と思う人も、「お金があっても幸せになれない」と思う人も、どちらもお金とうまくかかわる人にはなれないだろう。お金があっても幸せになれるのは、多分、マザー・テレサのような人。

それにしても、大金はなくとも、働く場、働いたら自活できる給料は最低限必要。今の政権に宝くじは期待しないが、地道に生きようとする人が人生を悲観せずに歩める環境を望んでいる。

2　細々でも続けることが幸せにつながる

企業で働いているAさんは英語を勉強しようと決心した。受付業務で外国人から電話がかかることもあり、必要性を感じたからである。そこで社会人向けのクラスに入学し、週1回仕事のあとに通うことにした。できればもっと通いたいのだが、家事や仕事でそれ以上は無理なのだ。

ところが、そんなAさんに対し英語が堪能な知人は「その程度通ったって意味がない。少なくとも週3回以上やらないと上達なんかしない」。さらに「週1回なんて一体やる気があるの？」とまで言うので、Aさんは意欲を喪失してしまった。

Aさんの話を聞いて思い出したことがある。以前、とても優秀で仕事のよくできると評判の女性が、血圧が高めで受診したときのこと。降圧剤を服用するような数値でもないので、少しリラックスするために運動をすすめた。べつにスポーツクラブでやらなくても、ちょっと歩くことだけでもやってみたらと言うと、その方は「先生、有酸素運動というのは、20分間続けてやらないと意味がないと本で読みました。道路を歩いていても、信号で止まるときちんと同じ速度で続けられないでしょ。きちんとできないなら、効果がないからやりません」。

もちろん、20分続けてウオーキングできれば効果的だ。でも、そうしない限り全く意味がないとはいえない。週に1回の勉強だって3回やるほどには上達できないかもしれないが、長く続ければ全く勉強していない場合とは差がつく。大切なのは、今の自分の環境のなかで、心地良く続けられる条件を見つけることだ。仕事も健康法も同じである。

夜9時前に夕食をとり、12時前に寝られれば健康的なのはわかっている。でも、とても毎日そうするわけにもいかない。

自分の生活のなかで、それでもちょっとできる工夫をすることをばかにしてはいけない。細々とでも続けることが力になる。

私は大学の教育学部で心身医学を教え、普段医学とは縁のない経営学部やビジネス専攻の学生に女性学の講義を行っている。診察の現場で女性たちが、いわゆる「女らしさ」の壁にぶつかり、家事も仕事も子育ても全部自分で引き受けなければ女性として失格、という意識にとらわれ、ストレスで体調を崩すのを見てきたからである。

昨年、そのクラスで女性と子育てをテーマに討論した際、大方の意見が「子育ては女性が得意とするところだし、3歳くらいまでは仕事をやめて育児に専念するのが良い」という方向に傾いたとき、一人の女子学生が反対意見をはっきり述べた。

彼女はシングルマザーの家庭で育ち、「自分は保育園にあずけられて母は働いたけれど、そんな母を誇りにしている」と言う。そして、どちらが育てるか、仕事をやめるかという形の問題ではなく、いかに子供とかかわるかが大切だと主張した。彼女が話し終ると、子育て専念派だった学生たちの間から拍手が起こった。先日、大学の卒業式で彼女は総代で卒業証書を受け取った。私はその姿を見て目頭が熱くなった。彼女がクラスのなかで心を開いて話してくれたシングルマザーとして働く母親の苦労や、社会的なプレッシャー、周囲の視線のことなどを思い出したからである。

多くの学生たちが何となく当たり前のように大学に行き、当たり前のように親からの援助を受けながら卒業していく時代に、彼女は明確に自分の道を選び、就職を決めていた。卒業は彼女にとっても母親にとっても、格別な喜びだったのではないだろうか。

簡単にでき当たり前に手に入るのは楽でいいけれど、喜びは少ない。苦労しながら、それでも目標に向かって努力していくのは大変だけれど、手に入れたときの喜びは大きい。それにしてもまだ社会に根強く残っている「女らしさ」の壁と、女性が一人で子育てをしていくことに対する周りの視線について考えさせられる。

父親が企業社長のBさんは、二代目と言われるのが嫌な努力家。アメリカに留学して卒業した。ところが、それでも周囲からは、経済力があるからできるのね、などと陰口を言われ、怒りを感じている。Bさんの家族は、言いたい人には言わせておけばいい、負け犬の遠吠えだ、などと言う。

努力をしてもコネなのでは、とうわさされるのが恵まれた立場にある人のつらさ。こうした陰口は嫉妬から生まれるわけで、私も昔「父親が医者だから医学部に行けたんでしょ」とか、「子供がいたらそんなに仕事できないわよ」などと言われたものだ。

アメリカで研究するようになると、「誰の紹介でルートを見つけたんですか」などと言われ、結構驚く。いろいろ言われるとカチンとはくるが、私はそうした発言に込められた無念さに共感する。嫉妬の奥に、「自分もそうしたい、そうしたかった」という思いと、できなかった悲しみが込められている。その人は決して努力しなかったわけではないだろう。努力しても条件が整わなかったり、努力が実る環境になかったり。ほんのわずかなボタンのかけ違えでできないことはあるものだ。

努力家で、努力をすればものごとが成就する環境にいる人は、恵まれた人だ。いわゆる世間の勝ち組はそうした人で占められているから、努力してもうまくいかない人がいることなど想像もつかないかもしれない。しかし、カウンセリングでさまざまな方とかかわると、すばらしい資質を持ちながら努力する時期を逃したり、努力が結果に結びつかなかった人がいるとわかる。

嫉妬の言葉は、その人の無念さの吐息のようなものである。それを負け犬の遠吠えなどにたとえてはならない。本当の勝ち組とは、その悲しみを理解しつつ、自分の恵まれた立場を生かし、それができなかった人の分までがんばろうと努力する人なのではないかと思う。

誰にでも苦手なことはある。努力してもなかなか上達しないこと、努力しようにも方法がわからないこと……、いろいろだ。私にも苦手なことがある。好きで努力しても進歩のスピードがきわめてのろく、悲しくなってしまうこともある。

最近気がついたのだが、本当に一流と言われる人は、できない人や進歩ののろい人に対して温かい。苦手で苦しんでいる人が努力しているのを受け入れ、そっと手助けしてくれる。ところが、自分もたいしてできない人ほど厳しく他人を批判し、手助けしようとしない傾向がある。

苦手で苦しんでいる人は、自分がうまくできないことを十分わかっている。だから、苦手なものがある人というのは謙虚になるものだ。人が手助けしてくれるのがわかる。感謝の気持ちが生まれる。これが人と人とのかかわりを円滑にさせる。

ただし、気をつけたいのは、「私ってこれが苦手だからダメな人間」と考えこみ、卑屈になってしまうことだ。そんなときは自分が得意なことで、できない人を手助けするのがいいと思う。ひとつがダメなために自分はすべてダメと思いこみ、できることについて考えなくなると、気持ちが落ち込んでしまうものだ。

以前、病院に入院しているある老婦人がいた。動けないからみんなの手助けが必要だ。そんなとき、この方はありがとうと穏やかに感謝の気持ちを伝え、夜勤の看護師さんにお疲れさまと声をかけていた。看護師さんたちは、その方のそばに行くと自分たちが励まされるような気持ちになってほっとすると言っていた。

人間ってすべてダメだったり、苦手だったりではないはずだ。自分のできることで相手を手助けし、できないことは気持ちよく手助けしてもらい、ありがとうと言いたい。自分が得意なことは優越感を感じて弱者を批判するのには使わず、手助けするために使うと温かいかかわりが生まれると思う。

3　かわいくなければ生きにくい？

Cさんは29歳。大学卒業後、仕事をしていたが結婚と同時に妊娠して退職。今は子育てをしながら、将来また仕事をはじめようと考えている。現在の生活には不満はない。

しかし、Cさんには人に話せない悩みがある。それは容姿に対するコンプレックス。Cさんは容姿が悪いというわけではないが、自分では不満を持っている。子供のころからすらりとした色白の同級生を見ると、うらやましくてたまらなかった。

女性はきれいな方が何かと有利だ。Cさんは学校の成績が良く、仕事でも優秀で、周りから元気だと見られているのだが、心の中には絶えず容姿コンプレックスがある。それをカバーするために、周囲に気をつかい、仕事も一生懸命にやってきたのである。

夫とは恋愛結婚だが、彼もCさんの容姿をほめてくれたことがないのが気になる。容姿の悩みを話すと、「気にするようなことじゃない」と言われたことがあり、以来、口にしない。しかし容姿を気にしている自分自身を、なんて下らない人間だろうと考えて憂うつになるという。

「人は見かけ」という風潮がある一方で、容姿のことで悩むなんてバカバカしいと言う人もいる。しかし女性にとって、容姿の悩みから自由になるのはかなり難しい。

本屋に並ぶ女性雑誌の目次を見ると、いかに美しく、若々しく、ほっそり見せるかというテーマが多いことか。現在の美容ブームは女性を美へと駆り立てる。きれいでかわいくないと女性としての存在価値がないという意識に縛られている女性が多く、それが過度のダイエットなどの引き金にもなる。もう十分に自分を生かして人生を送っているかに見えるCさんのような場合にも、美の呪縛が立ちふさがる。

そんなときはまず、心のなかに「美しくなくてはならぬ」という思いが強く存在していることに気づくことが必要だろう。

ミスユニバース選出、なんていうニュース記事が新聞にのっていた。そこで、「きれいな女性は得するんだろうか」という疑問が生まれる。みなさんは、どうお思いですか？

学生に聞いてみると、「それはやはり得でしょう」という答えがほとんど。実際、心理学で出来の悪いリポートと出来の良いリポートに、それぞれ美人とそうでない人の写真を添付して採点するという実験がある。出来の良いリポートでは美人もそうでない人も同じくらいの評価だが、出来の悪いリポートの場合は、美人でない人の写真がついていると著しく得点が下がり、美人の写真がついているとさほど点数が下がらないという。

こうしてみると美人は得、ということになる。しかし、裏を返せば、美人でない場合には、そういう恩恵が与えられないから実力で勝負しなくてはならず、外見に依存しない自分を築いていけるという利点もあるように思う。

子供のころは、成績や友人関係、スポーツをおさえ、外見がダントツで1位の重要要素だという。しかし、誰もが絶世の美女になれるわけではないから、それぞれ何が自分の特性かを考えながら自らのアイデンティティーを築いていく。美人でないことが自分のアイデンティティーに目を向けやすくする、といえないだろうか。いつまでも外見にアイデンティティーを頼ってしまうのは、一種の幼さにもつながる。

美人でないことを認識したら、親をうらむよりもまず自分のアイデンティティーを容姿に頼らず見つける努力をするのがいいのだろう。

と言いつつも、ミスユニバースの記事などを見ると、やっぱり美人は得だなあ、とうらやましくなってしまうのは先に紹介した実験の示す美人の利点のゆえだろう。

女性はそんな葛藤を持ちながら生活しているということに男性は気づいてほしいものだ。

普段は仕事場にスーツで通っているDさん。夏休みになり、あまりの暑さにタンクトップを着ようとバーゲンで購入したものの、腕が気になって着ることができない。

泳ぎにも行きたいが、お腹のまわりの脂肪が恥ずかしくてとても無理、とあきらめた。スタイルの良い女性が腕や足を露出して、さっそうと歩いているのを見ると、うらやましくて落ち込んでしまう。

自分の体形、容姿に絶対の自信を持っている人は少ない。大抵は「あと2キロやせたら」などと思っているものだ。前述のDさんはお腹が気になり、シャツのすそをウエストの上に出し、ジャケットで隠すようにするから、夏は暑くて憂うつだという。

女性誌は相変わらず「やせブーム」。美しさの基準が「ほっそりしていること」だけだから、がっちり型やぽっちゃり型は肩身が狭い。困ったことに、やせているイコール努力していること、と見なされるから、やせていない人は努力の足りない怠け者、あるいは意志の弱い人間に思われてしまう。

しかし、体は努力だけでは理想形になれない。持って生まれた骨格があるから、努力には限界がある。それを何とか理想の姿にしようとして、無理をして体や心を壊すことが何と多いことだろう。

体は普段の生活や仕事のスタイルで変化する。子育てをしたり、買い物で重い野菜を持てば腕は太くなり、ほっそりしてはいられない。歩けば足には筋肉がつき、か細く美しくはいられない。たくましくしっかり地に足のついた体になる。

容姿のことを気にするのは圧倒的に女性が多く、それは「女はかわいく、美しくなくてはならない」という心理的な縛りがあるためだろう。

もうちょっと、自分の体に誇りと愛情を持ってほしい。胸を張っておおらかにしていると、腕の太さなんて目立たずかえって美しく見える。

4　社会のなかの子育て

町村信孝氏が官房長官時代、母校の大学で講演し、「結婚して子供を産むことは義務である」と語ったという。

記事が新聞にのった翌日、30代半ばの女性と話す機会があった。彼女は病気で出産をあきらめている。内科の疾患なのだが、服用している薬があって中断できず、妊娠をあきらめて現在は仕事をするようになった。子育てとは別のかたちで社会参加しようと決心したからである。

「あの記事を読んで、あーあと思いました」と彼女は言う。彼女自身は、子育てとは別の方法で社会への義務を果たしている、との自負があるから、周囲からあれこれ言われるのにも動揺しなくなったそうだ。

「でもそうなるまでは大変でした」とのこと。子供を持たない女性には、義務を果たしていないという批判や、かわいそうにという同情の重荷がかかる。でも、マザー・テレサは自分の子供はいなかったのではないかしら？　マザー・テレサは義務を果たしていない人なの？　ノーであることは言うまでもない。

自分の産んだ子供の面倒をみるのだけが子育てではないのだ。社会のなかで子育てをすればいいではないか。アメリカの俳優でアフリカの孤児をひきとって育てている人もいる。社会への貢献は、その人のできる方法でその人なりにすればいい。

自分の認める方法だけが唯一の社会参加だと思いこんだり、それ以外の生き方を否定するような考え方は危険でさえある。とくにオピニオンリーダーの立場にある方々には、多様な生き方の選択肢を受け入れる心の広さと温かさを持ってほしい。

マザー・テレサのようにはいかなくとも、自分なりの道を細々とでも堅実に歩いている人たちがいる。そうした人たちがつらくて肩身の狭い思いをせず、手助けしながら暮らせる社会にするためには、他者を否定したり、生き方を強制したりしてはいけない。そんなことを考えさせる記事であった。

卒業式に続いて、入学式のシーズン。正装の若い人たちの姿を見かけることが多い。先日も勤務先の大学の卒業式があり、ふだんドライな現代っ子たちが涙ぐんだり、大喜びするのに少々驚いたりした。

大学の教師は教え子の成長を見るのが楽しみといわれているが、私にとっては、カウンセリングでかかわった方が気持よく生きているのを報告してくれるのもうれしい。ずいぶん長い間体調が悪くて苦しんでいた女性が、自分らしい生き方を見つけ、身体化症状がよくなり作品を作るようになった。そうした作品の写真を送ってくれたりすると、「ああ、よかったなあ」と心が温かくなる。

カウンセリングでは、その方の姉や母、友人になったりする。教師も同じで、ときには姉やおばさんや母になったりすることもあるはずだ。実際の子供ではなくても、何人もの子供とかかわっている教師も多いことだろう。そしてまた、そうした教師やカウンセラーも、血のつながっていないたくさんの姉や母の手助けを受けてきたのだと思う。

今もなお、子供を産んでいない女性への風当たりは強い。しかし、子供を産んでいなくても、血のつながっていない子供を育てている女性は多いだろう。職場で、学校で、病院で、あるいはご近所の子供のサポートをするのも母親業のひとつだ。自分の子供を育てるのだけを子育て業とせず、社会のなかで子供を育てるという意識が広まってほしい。

教育もカウンセリングも時間がかかる。前述の女性も、元気になるまでに7年ほどかかった。そして、一人の力では何十人何百人の子供を育てることは不可能である。

しかし、ほんのちょっと視点を変え、自分のまわりの後輩や、子供たちに共感したり、手助けすることで「社会のなかの子育て業」に参加することができる。そうした子育て業に参加している人たちにも目を向けてほしいものだ。

5　すべての人生は生きられない

Ｅさんは30歳で職場結婚し、35歳で出産。仕事と子育ての両立が難しく、退職した。しばらくは専業主婦をして、子供が中学生になったあと、再びパートで働きはじめた。現在はＥさんも夫も共に50歳。夫は順調に出世コースを歩み、充実した仕事で生き生きと過ごしている。Ｅさんは、夫の話を聞くたび複雑な気持ちになってしまう。自分も仕事を続けたかったのだ。

妻のサポートで思い切り仕事に打ち込める夫が、うらやましくなる。夫の出世がうれしいのは、妻として当然。しかし同時に、ふとさみしさも感じる。自分がもし仕事を続けていたらどうだったかしら、などと考えたりもする。今、Ｅさんができるのはパートの仕事だけ。責任のある仕事も求められてはいない。大学院を卒業していい仕事をしていたから、能力を生かしきれないもどかしさも感じるのだ。

そんな心のうちを同窓会で恩師にちらりと話したら、「君は夫が出世しない方がいいのか」と詰問されたという。「パートで仕事をし、子育てをして、二つも自分の世界を持っているんだから何が不満なんだ、と言われちゃった」とEさんは嘆く。

夫の出世はたしかにうれしい。それでも男性はいいなあ、とうらやましくなる気持ちは、仕事を続けられず不完全燃焼感を持つ女性にしかわからないのかも。もし逆に、男性が仕事を辞め、妻が仕事を続けて出世したらどんな気持ちになるか想像してみてほしい。

カウンセリングで、しばしば、妻たちの夫の出世に対する複雑な思いを耳にしてきた。彼女たちは、夫と同一化するだけでなく、自分らしい生き方をしたいと願っている。夫の出世で自分も偉くなったと感じ、夫の肩書で自分の社会的地位を決める女性とは違う。そんな女性たちの葛藤を、「ぜいたくでわがまま」とレッテルをはらず、共感をもって受けとめてほしい。

大学で「女性学」のゼミをしていて、今年度は40代の女性が2人参加している。それぞれ看護師と介護の資格を持ち、仕事をしていたが、結婚から子育てへと家庭優先で生きてきた。子供が高校生になったとき、

「これから自分はどう生きようか」

と思ったことが共通している。以前の仕事に復帰、ということより何かもう少し勉強し、それを生かしながら職場復帰と考えて、大学に再び入学し、現在は認定心理士の資格を目指して勉強中である。

多くのゼミ生がまだ自分の生き方を考えていないのに対し、目標の定まった学び方をしている。女性のアイデンティティー形成について話し合っているとき、彼女たちは、

「20代で仕事をはじめたころは結婚や子育て、夫の仕事を優先した。自分の仕事を減らして家事を引き受けることに疑問を感じなかった」と語る。自分のアイデ

ンティティーについて考えはじめたのは、上の子に手がかからなくなった40代という。

女性のアイデンティティーについて、子供のころは女の子も男の子と同様、活発に自分が違うと思うことにノーと言い、自己表現することに抵抗を持たない、といわれている。しかし思春期に入ると「他人の視線、人の目に映る自分」を気にするようになり、いい子でいること、良い娘としてふるまうことに重きを置くようになる。

日本人の場合、いい娘であることから、いい妻、いい母であることが要求されて、そのまま一生を終えてしまうことも多かったと思われる。大学生を見ていても、まだ自分のアイデンティティー確立にまで至っていない女性が少なくない。

その意味で、子育てを終えた女性たちが再び勉強し直し、自分自身を生かした人生をスタートさせるのはうれしいことだ。彼女たちは、いつまでも若々しい。

そうした女性たちが周りから「そんなことしなくてもいいじゃない」などと言われずに生きられる社会であってほしいと思う。

私は時々ジャズのライブをしているのだが、先日、会場にかわいい花束が届いた。送り主は元ゼミ生だった。電話をすると風邪声で、「行きたかったんだけど、風邪でダウンしました」と言う。彼女は私のホームページを見ているそうで「先生は新しい本を書いたり研究したりすごいなあ」と続けた。

私は内心、それは違うよ、とつぶやいた。彼女は子供が大学に入学したのに合わせて、自分も学生になった。ゼミで女性学を学んだときは50歳過ぎで、卒論では、慣れないパソコンを使いつつ、何度か涙を流した。学問に向いているとは言えないかもしれない。しかし、彼女は家計簿をつける研究グループに参加しており、家計のきりもりはまさにプロだった。ゼミのとき、彼女が千円の予算で家族全員分の夕食を作る話を聞き、その内容の充実ぶりと見事さは、彼女にしかできない仕事だと感心したのを覚えている。

人はあらゆる人生を生きることはできない。ひとつの人生を選び、それ以外の人生を捨てて生きていく。彼女は学問や研究をしている人がうらやましいかもしれない。しかし、彼女も彼女にしかできない人生を歩んでいる。

今は両親の介護と家事に戻った彼女にとって、大学生活は捨ててしまった人生の一部を生かしたひとときだったのだろう。それはすてきなことだ。私は子育ても介護もしていない。だから、他人の娘たちや母親たちの手助けをしている。そしてものを書いたり歌ったりする。

どんなに、これでよし、と自分で選び進んできた道でも、年をとるとこれでよかったのかしら、という気持ちが浮かぶ人が多いのではないか、と思う。そんなときは、自分が捨ててしまった人生の一部をちょっぴり今の自分の人生に加えてみよう。彼女が勉強してみたように。「時間を作ってゼミにいらっしゃい」。そう彼女に言って、電話を切った。

6 「そんな時間」を大事にしたい

子供がサッカーに熱中しているのを見てお母さんが「そんな時間があったら勉強してほしいわ」と嘆く。ハイキングが好きなFさんは、家族からそんな時間があったら家でゆっくりしてればいいじゃない、と言われている。

「そんな時間」には、そんな無駄な時間、という思考が含まれている。そんな非生産的かつ非効率的なことをするなら、もっとお金や結果を生みだすことをすればいいのに、というわけである。

さて、私も医療のほかに原稿を書いたり大学で教えたり、歌を歌ったりしている。このなかで最も「そんな時間」という批判にさらされるのは歌かもしれない。ライブなんかする時間があったら病院で働けばいいのに、と思う方も多いだろう。

私は「そんな時間」は人間すべてにとって必要なものではないかと思っている。体を例にとると、野球で肩だけを酷使すると肩の障害が起こる。パソコンで目を使い、座りっぱなしでいると眼精疲労から肩こりや腰痛を起こす。体は全身をストレッチし、バランスよく使うことでうまく機能するようにできている。

脳や心も同じではないだろうか。医師として、書き手として使うのは脳のごく一部である。そこだけ使っていると肩こりと同じで脳のこりを生むと思う。思考が硬直化するのだ。歌やトークで使う脳は全く違う。脳や心の違う部分を活性化することで全体がバランスよく機能する。

かつて日本にはバランスを大切にする風習や文化が存在した。戦国の武士は、戦いのストレスのなかで茶の湯というメディテーション（黙想）をとり入れてバランスをとり、農民は祭りのなかで自己表現を行った。

静と動、硬直さとしなやかさ、そのバランスは人間が生きていくうえで必要なのではないか。お金にもならず、一見無駄に見える時間が活性化してくれるものについて見直してほしいと思う。

Ⅶ　老いとかかわる

1　プロセスを楽しめるか？

アメリカの大学の研究室では「publish or perish」（出版か死か）という風潮がある。つまり、大学の研究者は論文を発表しなきゃダメ、論文として学術誌にのらない研究はゴミ、というわけだ。したがって、論文や書物を発表しない大学教授や准教授は研究者として認めてもらえない傾向が強い。

とくにハーバードなどでは、教授たちは実にせっせと研究して論文を書く。どちらかというと、学生教育で「いい教授」と評価される日本とは、やや違う。研究して論文を発表するのはすばらしいが、アメリカ社会には「結果主義」の傾向が強い。

すべてに結果を出さなきゃダメ、全か無か、という思考は利点も多いが問題も多い。オリンピックでアメリカ選手がメダルを多くとるのは、「結果主義」の思考性のなかで育ったからだろう。参加するだけなんて意味がない、メダルをとらなきゃ税金のムダづかい、との無意識が、エネルギーになるのだろう。オリンピックは参加することに意義があると教えられてきた我々とは、違う思いがあるのかもしれない。

日本は甘い、結果を出さなきゃ意味がない、という人も最近は増えてきた。しかし、努力しても結果が出ないことはたくさんある。結果が出ないとダメ、結果を出せない人間は無能、などと考えると、これは大変だ。結果を出せないと生きるのがつらいし、結果を出せる人は、出せない人を否定する。結果のために無理をしたり、薬を使うこともある。大体、結果とは何か。メダル、利益、偏差値と、目に見え、数字やもので表せるものばかりだ。

メダルをとれなかった選手をテレビで応援したり、はらはらしたり、ときには批判するひとときを楽しんだ人も多いだろう。そんなひとときは数字で表せない。結果には、目に見える結果と目に見えない結果がある。その人個人のなかで努力した「結果」が出ていればいいじゃないか、という私は多分大甘ですね。

社内で新人の指導をすることが多いAさん。「最近、ちょっとやってうまくできないと、すぐ自分には向いてないとあきらめ、投げ出してしまう人が増えている」と嘆く。

たしかに入社3カ月から半年くらいで「やってみたけどうまくいかない」と落ち込む若い人たちの話を聞くことが多い。すぐ成果が出ないとあきらめたり嫌になったりしてしまう傾向が強いなあ、と思っていたら、こんなことがあった。

ある経済誌から取材の依頼があった。テーマは「手っ取り早くプロになる」。私には、手っ取り早くカウンセリングのプロになる方法を教えてほしいという。「少なくとも2～3年でプロになる方法を」という依頼にびっくり。とてもそんな方法はありませんし、手っ取り早くカウンセラーになりたい人にはなってほしくないです、とお断りした。

時代は、手っ取り早く結果を出すことを求めている。若い人たちを非難できない。手っ取り早く成果をあげないと、置いてきぼりにされてしまうような気になる時代なのだ。

かつては手作業だった統計処理もパソコンなら1〜2分で結果が出る。膨大な時間をかけた資料調べもインターネットで数分で結果が出る。料理も掃除も機械で結果が楽に出るようになった。プロセスに時間をかけることが忘れ去られている。

だが、どうしても省けないことがある。人間が誕生するまでのプロセスや、ワインやチーズの熟成期間を省けないように、時間と経験というプロセスが大切なことを忘れないでほしい。すぐに答えが出るものばかりを求め、じっくり努力するプロセスを楽しめない時代になって、幸せでない人も増えた。

わずかずつの努力による進歩、一生続けていける仕事や趣味、結果ではなくプロセスを楽しめることを多く持つ人ほど幸せに生活できる。若い世代にそんなことを伝えられる大人が増えてほしい。

子供のころ何をして遊びましたか？

私の場合、まだおもちゃなどが豊富ではなかったからよく戸外で走り回っていたものだが、経済成長につれてゲームなどの外部から与えられるおもちゃが遊びの主流になってきた。与えられた楽しみは簡単に楽しめる。自分たちでどう遊ぶかの方法を創り出す必要はなく、与えられた道具を使えばすぐに遊ぶことができる。

最近、ふとこうした「簡単に楽しめる与えられた道具」に対して疑問を感じるようになった。手っ取り早く楽しめるものばかりでいいのだろうか、と思うのだ。というのは、子供ばかりでなく大人まで、「手っ取り早い娯楽」で日々を過ごし、その結果、大人になっても自分で楽しさを見つけられない人が増えているように思うのだ。

次々誕生するショッピングセンターに行けば見ているだけで時間をつぶせる。

テレビをつけていれば退屈を紛らすことができる。楽しむために努力する必要はないけれど、成熟した大人の楽しみにはならない。次々と与えられたもので遊ぶのは子供と同じである。

先日、私の大先輩のジャズボーカリストのライブを聴いた。ピアノトリオとのアドリブスキャットが本当に楽しそうで、聴く者も共に楽しんだのだが、自分が楽しみ、しかも周囲にも楽しみを与えられるまでになるには努力と時間が必要なのだと痛感した。手っ取り早い楽しみで過ごしていても、そうした成熟した楽しみには到達しない。

与えられたおもちゃで遊ぶことは経済成長を促進する。日本の成長はそのようなことで支えられてきた。しかし、自分なりの楽しみを創造する力を弱くした。心の成長を促進するには逆効果だったようにも思う。

努力が苦痛ではなく、自分の進歩が楽しみになるようなことがあれば、むなしくなることは少ない。楽しみを創り出す力を持ちたいものだ。

2　「世間の物差し」とは別の物差しを

勝ち組、負け組という言葉。好きではないが、このところすっかり、日常生活に定着してしまった。

勝ち負けの基準とは何か。収入、学歴、持ち家、仕事の業績、売り上げなどなどだろう。たとえば、売り上げの多い人が勝ち、少ない人は負け、という「世間の物差し」で勝敗が決まる。もしあなたが、「世間の物差し」しか持っていなかったら、大変だ。収入が低かったり、売り上げが悪ければ自分は全くダメな人間となってしまう。今、自信がなくて元気がない人が日本に多いのは、「世間の物差し」しか持っていない人が多いからだと思う。

アメリカは、日本よりもっと格差がはっきりした社会である。そして、お金を持つことが明確に勝ちとされる物差しが存在する。ただし、「世間の物差し」しか持っていない人は、日本より少ないのではないだろうか。「世間の物差し」では負け組だが、自分には別の物差しもあって、好きで絵を描いて作品を作っています、とか、仲間とバンドをやってます、とか、教会で歌っています、などという人によく出会う。そのような人は、「自分はダメな人間」といじけてしまうことはない。

日本では、定年退職後、途端に元気をなくし、自己評価が低くなってしまう人が少なくない。その人が、「会社に所属する」「会社のなかで地位を保つ」ことのみを目標とする物差ししか持っていないからだろう。

「世間の物差し」と別の物差しを持てば、いわゆる世間の勝ち組にはなれなくても、人生を楽しむゆとりができる。対人関係も同様で、役に立つ人とだけつきあおうとせず、自分が一緒にいて楽しくくつろげる相手とかかわるようになるから、いい仲間ができる。

「世間の物差し」も必要だ。だが、それは人生のすべてではない。さて、それではいわゆる「世間の物差し」しか持っていないことが、なぜ危険なのだろう。それには理由がある。

収入、学歴、美しさ、地位という「世間の物差し」は、目に見える基準である。

こうした基準をもとにして、それを目標に目指すことを外在的目標志向という。心理学者のティム・カッサーとリチャード・ライアンは、人生の目標を、こうした世間の物差しである外在的目標志向と、もうひとつ対照的に、家族や友人との関係を満足なものとして努力することに価値をおく内在的目標志向に分類した。外在的目標志向が世間の評価や他人の目に依存しているのに対し、内在的目標志向は、その人自身の内的な充足感に価値をおいている。

そして、こうした人生の目標設定の違いが精神的な状態や体の症状にどのように影響するかについて調査した。その結果、外在的目標設定をする人は抑うつ的であり、幸せ感や喜びの感情を味わった経験が少なく、頭痛や倦怠感などの症状の訴えが多いことがわかったという。またこうした傾向を持つ人は、喫煙やテレビ視聴という非生産的な行動が多いと報告している。

わが国は、戦後、アメリカに「追いつけ、追い越せ」として社会全体が進んできた。子供には大学に進学させて一流企業に勤めることを、男性は三高といわれる高学歴、高身長、高収入を、女性は若く美しいことを成功のシンボルとして目標が設定されてきた。つまり、内在的目標はおろそかにされ、外在的目標に向かって進むことだけが注目されてきたのである。こうした外在的目標は、アメリカ社会の目標設定ときわめて似ている。しかし、条件を整えれば幸せになるわけではない。

ハーバード大学公衆衛生大学院教授のI・カワチは、「アメリカンドリームを追い求めるとあなたの健康を害するおそれがあります」という警告を、政府は出すべきかもしれない、と著書のなかで述べている。アメリカ社会は今、外在的目標設定のツケにより、さまざまな問題をかかえているのだ。

世間一般の目に見えるわかりやすい目標設定ではない。個人の、自分自身の人生の目標設定が必要なのである。

カウンセリングにかかわってきて感じるのは、人を疲れさせたり病気に追い込むのは、ただ単に忙しいということではなく、納得がいかない忙しさなのか否か、ということが問題だということだ。

自分が納得いく忙しさ、自分でやりたいと思うことをやっている忙しさなら、体が疲れても休息をとれば回復する。心までも疲れ切ってしまわない。ところが、嫌なことを我慢してやっていると、休んでも疲れが残る。そのうち、酒やたばこや買い物でまぎらわせ、それをストレス解消とか、自分にごほうびとか言って、正当化する。

しかし、根本的な問題は、自分が本当に納得のいく生き方をしているかどうかということなのだ。この大前提を間違ってはいけない。お金があっても、大会社に勤めても、地位を得ても、心が満足せず空虚だということになる。

それを埋めようとして、さらにワーカホリックになったり、買い物をしたりして、まぎらわしている人が何と多いことだろう。むなしさに気づいたり、体調を崩したりして、人生の方向修正をする人もいるが、ほんの一部だろう。

多くの人は、自分に本当にぴったりした生き方を見つけられずにいる。そして、地位や収入を得ることが幸せへの早道だと思いこんでいる。

最近、医師一家の子息の事件が目につく。医師になれというプレッシャーから犯行に走ったと報道されているが、やりたくないこと、向いていないことを強制され、反抗も反論もできず、たまった感情を爆発させるのだろう。医師という立場は、世間的にいえば勝ち組に入る。つまり医師になるということは、わかりやすい「外在的目標設定」である。しかし、その生き方が自分の望む生き方とは違う場合も多い。

自分の生き方は、自分で決めたい。親だからといって子供の進路を決定してはいけない。とりあえず学歴を、とりあえずいい会社へ、とりあえず高収入の道を、という親の期待が子供の人生を空虚にすることも多いのだ。希望しない道に進んで、空虚さを抱える悩みとかかわってきた私としては、親は子供が本当にしたいことを見つけ、実現できるように手助けしてほしいと思うばかりである。そのためには、まず親自身が納得のいく人生を送る必要があるのである。

＊

アメリカの書店には、いわゆる「ジョーク集」が並んでいる。書店に併設されたカフェでこうしたジョーク集を読むのは楽しい。そのなかに、ミュージシャンをテーマにしたこんなジョークを見つけた。

「ジャズミュージシャンとポップスミュージシャンの違いは何か？」

答えは「ジャズミュージシャンは1000のコードを3人の客の前で弾く。ポップスミュージシャンは3つのコードを1000人の客の前で弾く」。

これを紹介するとジャズミュージシャンたちは大笑いする。

さて、先日まさにこのジョークそのままの場面に遭遇。知人の名ジャズピアニストが、やはり名ベーシストとして知られるミュージシャンと共演するのでジャズクラブに出かけたら、お客は10人足らず。しかし演奏はすばらしく、聴いていると心がすっきり幸せな気分になった。

演奏している彼らを見て、改めて、なんと生き生き、のびのびと生きている方たちなんだろう、と感嘆した。お二人とも年齢は60歳、70歳を過ぎているはず。この暑さで、しかもお客は少ない。条件がいいとは決して言えない環境で、これだけ幸せそうに生きている大人は数少ない。

自分が本当にやりたくて、年をとってもなお自分を少しずつ成長させ、磨きあげるものがある。そして、お金のためだけでなくやっていることがある。これが心の幸せのバロメーターではないか、などと思った。

年をとるごとに、お金や名誉や人から褒められるためだけにすることの割合が減っていくのは、幸せだと思う。その意味で、私の場合、音楽や研究などの割合が増えてきて楽しい。

あなたはいかがですか。生活のなかのイベントをひとつひとつ見直したとき、お金にならなくてもやりたいことを増やしていくと、心は豊かになるように思う。

3　大人の旬を磨く

日本では秋の果物といえば柿やナシだが、ボストンでは、グレープフルーツがシーズンということで安い。南の地方でとれて運ばれてくるのだと思うが、大型が一個50円くらいのセールになっていた。しかも、とても美味。一方、夏の間感激するほどおいしかったプラムは旬を過ぎて味もいまひとつ。やはり旬というのは大切だ。

さて、人生の旬とは何だろう、と考えてしまった。一般には若い世代が旬といわれる。年をとると、盛りを過ぎたとか、枯れたとかいわれる。生物学的見地だけから見れば、たしかに老化するほど細胞内の水分は減少し、枯れていくという表現は当たっている。

現代は、そうした老化を遅らせるアンチエイジング研究も盛んだ。旬をのばそう、とする考え方だ。むろんそれはいいのだが、私個人の考え方としては、生物学的な旬のみに焦点を当てる必要はないのだと思っている。

体力や細胞内水分、つまり体力、美しさ、記憶力は年と共に衰え、旬を過ぎるが、別の旬は年と共に充実してくると思うのだ。たとえば、ものを深く洞察する力、思考能力、共感力などは年をとるにつれ旬を迎える能力である。

しかし、とても残念なことだが、こうした能力は、体力や美貌という生物学的能力とは違い、ほうっておいても存在するとは言えない。要は天賦のものではなく、自分で磨きをかけて旬を作り出していかねばならないものなのである。

いつまでも若さという旬を追い求めることにエネルギーを使っていると、こうした「年をとってから旬を迎える」はずの能力に磨きをかけるエネルギーをなくしてしまう。

体力や美しさが減少しても、別の旬を持てる大人は輝いていられる。そんな大人が少ない。若いころにはとてもこんなふうにできなかったなあ、と思えることを人生のなかに作っていくのが大人の幸せである。

スーパーの店頭に空豆や枝豆が並んでいた。春から夏に季節が動いていくのを実感した。ちょっと高いなあ、と一瞬躊躇《ちゅうちょ》するのだが、この季節しか手に入らないから見すごすことができない。そして、「旬」がまだ日本に残っていてよかったなあ、などと思ったりする。

私はりんごが大好きなのだが、さすがに夏が近づくと、りんごをあきらめる。しかし、その代わりにプラムやさくらんぼが登場するので、これまた高価だなあ、と思いつつも、ありがたくほおばることになる。世界中から輸入される果物は、いつもかかわらず店頭に並んでいるが、やはり心が動くのは「旬」の食べ物。

ところで通常「旬」の人、というと今人気のタレントや、若者のことを指して使われるが、本来の意味は、

（1）魚介や果物などの最も味の良い出盛りの時期

（2）物事を行うのに最も適した時期

である。すると、私たちは日常、「旬」を（1）の意味で使うことがほとんどだと気づく。そこで、（2）の意味で「旬」という言葉を使おうと提案したい。

私たちは日々年を重ねていく。壮年から老年にさしかかると、自分はもう「旬」ではない、と思いがちだ。そうだろうか。50代には50代にしか、60代には60代にしかできないことがあるのではないだろうか。60代に、40代でしていたことができないからと悲しみ、くやしがっていたら、こんなにもったいないことはない。

今しかできないこと、自分にとっての「旬」を見つけることが幸せのヒントだろう。それぞれの季節、それぞれの年代でその時の「旬」をみつけたい。

最近、急に目尻のシワが増えた。視力も弱くなったし、顔から確実に若さの名残が消えている。すごいなあ、自然の摂理とは、と驚きつつ、自分の旬を見つけたいと思う。季節の旬はまためぐるが、人生は一度きり。その年代ごとの旬を大切にしたい。

人生には、そのときにしかできないことがある。時機を逃すと、あとで同じことをするのに苦労がいる。人生は季節とよく似ている。冬に泳ぐのも夏のスキーも大変だ。お金をかけて、遠くに旅行しないとできない。

しかし、人間というものはどうやらすぐ、「そのときにしかできないこと」を忘れて、別のことをする生き物のようだ。

年を重ねるにつれて、「自分はまだ、若いころと同じようにこれができる」と誇らしげに語る方が多い。それは結構かもしれないが、私自身は、若くなくちゃできないことを追い求めるのはやめにした。年をとったら、年をとらなくちゃできないことがあるからだ。年をとる、という一見ネガティブなイメージの環境でも、「そのときにしかできないこと」を見つけようと心がけると、しゃんとするものだ。

ものごとがうまくいかなかったり、経済状態が悪かったり、病気になったり、人生にはさまざまな季節がある。その時々で「そのときしかできない」ことに焦点をあてると、ストレスフルな状況が全く違って見えてくる。

医師フランクルの著作で、脳腫瘍になった男性の話が紹介されている。その男性はたしか専門職を持つ有能な人だったが、病気のため仕事ができなくなった。そこで、病床で本を読みはじめたが視力も失い、今度は音楽を聴きはじめた。しかし聴力も失い、激痛で医師に麻薬を打ってもらうようになる。最後に、彼は自分を世話する医師や看護師を思いやりながら亡くなる。大変なときこそ、大人の生き方、大人の死に方を示すことができるのは、すてきなことだ。

4 「ネコの視点」を持つ

生活のなかで、「しなければいけないこと」と「したいからすること」の割合がどうなっているか、チェックをしてみてください。私は、これを「ネコの視点チェック」と名づけ、後者、つまりネコの視点の割合が高いほど、心の満足度も高いと考えている。

ネコは「しなければいけない」と考えて行動したり、計算したりしない。したいことをしたいようにしている。この人と会うのが得だから、と計算したり、この人は役に立ちそうだからとつきあったりはしない。好きな人には寄っていくが、気に入らない人には近寄らない。

人間の場合、悲しいかな、したいことだけをして、会いたい人とだけ会っていたら生活が成り立たなくなる。だから、「しなくちゃいけない」仕事をし、嫌いでも役に立ちそうな人とかかわる。しかし、生活のすべてが「しなくちゃいけないこと」で占められていたら、体調を崩すのは明らかだ。だからせめて、生活の半分くらいは「したいからする」であるといいだろう。

年をとるよさは、若いころは「しなくちゃいけないから」していたことを少しずつ好きになり、やがて、それに楽しみを見つけられるようになることかもしれない。年をとるごとに、生活のなかの「ネコの視点」の比率は高まっていくかもしれないのである。

私は、若いころ、研究のために文献を調べたり読んだりするのが、義務だとしか感じられなかった。しなくちゃいけないからしていたのだが、今は研究が大好きになり、「したいからする」ことに変わった。点検してみると、ネコの視点比率がとても高くなっているのだ。これは幸せなことである。

ただし、この視点はいわゆる勝算を度外視しているから、収入、名誉などの結果はついてこない。結果をとるか、心の満足をとるか。

さて、あなたのネコの視点比率はいかがですか。

50代後半になったBさんは最近、友人や知人の訃報《ふほう》をよく聞くようになった。しばらく連絡がないからどうしているのだろうと思っていると、がんで入院などという知らせを受け取ることもあり、自分もそうなるのだろうかと不安を感じるようになった。今まであまり過去をふり返るような性格でもなかったが、ふと過去のことを考えてみたり、自分がいつ死ぬのだろうとかむなしくなったり、もう時間がないとイライラすることも増えてしまった。

50代、60代は今の社会ではまだ老年とはいえない。しかし、親しい友の病気の知らせも多くなる。Bさんのようにふと不安を感じたり、むなしさを覚えることもあるだろう。「死」は誰にでも必ずやってくる。若いころは遠い存在の「死」を身近に意識することになる。

私自身は「死」は人生の締め切り日ととらえている。原稿を書く仕事で感じるのは締め切り日の大切さだ。締め切りが決まっていないものは筆が遅くなる。しかし、毎週きっちり締め切りが決められているものは、その前日になると途端に集中できる。つまり一日という時間がふだんの何倍ものクオリティーとなり、密度が高まる。

人生も似ていると思う。若いころは人生の締め切りなんて意識しない。でも締め切り日を意識しはじめた50代、60代は、一日の時間の質をアップして大切に時間を使うスタートの時期なのである。もう時間がない、なんて嘆く必要はない。時間は量でなく質なのだ。時間の質を高めるために「ムダな時間」を仕分けしてしまう。

ムダな時間とは何か。それは人のうわさ話や悪口で盛り上がったり、後悔したり、嘆いたりする時間である。残された時間だからこそ大切に使いたい。

仕事も遊びも人とのかかわりも、締め切りを意識すると自分の大切なものが見えてくる。もしあなたが今、病に倒れて死を意識しているなら、あなたは残された時間を宝石のようなひとときに変えることができる人なのだと思う。

5　凛とした死に方

先日、部屋に飾った花の手入れをしていて驚いた。大好きなラナンキュラスを数本買ったなかの、真っ白な花をつけた一本が、見事なまでに開ききり、生命を全うしているのだ。花びらにはどこも黄ばんだところがなく、一枚一枚がぴんとして、枯れたという言葉は適切ではなく、まさに生ききった感じなのだ。

その凛《りん》とした最期に私はしばし圧倒され、畏敬《いけい》の念を込めて「お見事でした」とつぶやいた。年をとるとシミやシワができる。でも、心のなかをこの花のように、真っ白に汚れを落として過ごせたらすてきなことではないだろうか。

怒りや嫉妬や後悔や先を考えすぎて落ち込むことは、心を黄ばませるもと。もちろん、年を取るのがイヤ、怖い、とびくびくすること自体、心のシミの引き金になる。

心のシミを取る方法のひとつが、深くゆったりした呼吸。アメリカのフルフォード博士は「人は呼吸したとおりの人間になる」と語っている。深くゆったりした呼吸が、人のキャパシティーを大きくさせる、ということだ。

老いを受け入れ、夜休む前にその日一日の心の疲れを深呼吸できれいにして、休養したらどうだろう。顔のエステには限界があるが、心のエステには限界がないように思えるのだ。

「とぶ鳥あとをにごさず」という。死ぬその瞬間、使い切った心のシミを取り、生まれたときと同じように、真っ白にきれいに洗って旅立ちたい、などと思う。

エピローグ

子供のころ、今の自分と同年齢の人は、とてつもなく大人に見えた。昔の時代の人たちのほうが早く大人になったのではないか、と思うことがある。早く老いる、というとネガティブに聞こえるが、若いうちから成熟していたのは確かだ。なぜだろう。

ひとつには、早くから「死」を意識していたからかもしれない。平均寿命は短く、医療技術も進歩していなかったし薬も少ない。若いうちから死、つまり人生の締め切り日を意識することも多かったにちがいない。三世代同居で祖父母の老いとかかわり、看とる機会もある。そんななかで否応なしに死と向きあうことも多かっただろう。締め切りを意識することで成熟がはじまる。現代より若い年代から成熟していたのは、こうした背景があるためだと思う。

ところで最近、「いつまでも若くて変わらないこと」をよしとする風潮が広がっている。

20歳のころと体型が全く変わらず、その当時の服が今でも着られる、と誇らしげに語っている50歳近い女性が雑誌にのっていて、「若いころの体型をそのままキープする」ことが目標、などという特集を見かけることがある。知人にも、60歳になって「80歳までハイヒールをはいておしゃれに歩けるのが人生の目標」という人がいて、ジョークかなあと思うとそうではないらしく、びっくりしたことがあった。

きれいでいたいのは結構。しかし体と心はつながってひとつのものである。20歳のころより考え方も感じ方も成熟したのなら、その成熟した心と同様、体も変化するはず。心だけが成熟して体は20代のまま、ということはありえないはずだ。とすれば、体型が20代のまま、ということは、頭の中身も心も20代のままで進化していません、と宣言しているということだろうか。

現代は死、つまり人生の締め切り日を意識しにくくなっている。医療技術の進歩は時折、「人は死ななくなるのではないか」と思わせることさえある。若さをキープするために美容外科ではリフトアップの手術やボトックス注入が行われているし、卵子を凍結保存して体外受精すれば、閉経後の女性が出産することも可能だ。締め切りを意識しなくなれば、永遠に生きられるような錯覚に陥る。いつまでも20歳の肉体に20歳の幼さを抱えた50歳の女性がいても不思議ではない。

死を意識したとき、あるいは、どう努力しても老化に抗しきれないことに気づいたとき、人は、人生の目標を外から内に向けはじめる。残りの日々が少なくなったときに初めて、自分にとって何が大切かに気づくものである。他人からの賛美の言葉や羨望や高収入は魅力があるものだが、明日人生の締め切り日、といわれたら、そうしたものはほとんど意味がない。人生の目標を外から内へと転換しはじめるのは、締め切りを意識した時期からである。この時期に、心理学者マズローの説を重ね合わせてみる。

マズローは、人間の欲求には段階があるとしている。まず第一の欲求は「生理的欲求」である。食べたり、眠ったりというそうした欲求が満たされると、次に「安全欲求」が起きる。安全な場で過ごしたい、という欲求である。それが満足すると、「愛と所属の欲求」が起きる。愛し愛されて家族を持ちたい、という欲求である。これが満足すると「社会承認欲求」が起きる。社会の中で自分の場を持ち、まわりから認められたい、という欲求である。男性なら仕事場であるポジションを持ちたいと願い、女性が妻や母としての場を望むのは、社会的承認欲求といえる。このレベルの欲求は、自分の外にむかって条件を整えるという意味で、「外在型目標設定」の人生である。マズローによると、大多数の人がこのレベルで成熟がストップするという。しかし、人の成熟には本来、この続きがある。

社会承認欲求の次にくるのは「自己実現願望」である。自分らしい固有の人生を送りたいという願いである。自分にふさわしいことをし、自分がなりうるものになる、という願いはすなわち内在型目標設定といえるだろう。マズローによると、このレベルに達することができるのは、人口のわずか数パーセントだという。外在型目標の人生が、他者に認められることや他者との競争・比較で自分のアイデンティティーを決定するのに対し、内在型目標の人生は、自分の内部での自己成長に焦点があてられる。競争は他者とのものではなく、自分の内部での競争である。

内在型目標で生きることは成熟証明と言えるだろう。子供が「親ばなれ」して社会のなかに場を築きはじめるのと同じように、外在型目標で人生を過ごしてきた人は、「他者からの評価ばなれ」をして初めて、真に成熟した大人への一歩をふみ出すといえるだろう。

幼さと若々しさとは異なるものだ。外在型目標が若いころと同じ体型やハイヒールをはくことによる「若さ」であるなら、内在型目標は、自分の中で一生探究する何かにむかって少しずつ積み上げる「若々しさ」である。前者には限界があるが、後者は死ぬまで続けられる喜びがある。人からの評価やほめことばがあればうれしいが、それがないと不安になることはない。

テレビを見たりものを買ったりするという外から与えられた楽しみではなく、自分の内で創造する楽しみに方向を変えることが若々しさにつながる、ものを作る、何かを研究する、など自分自身で作り出す楽しみが内在型目標である。心の内部にそうした若々しさのエネルギーを持つ大人は、あとに続く世代に生き方のメッセージを伝えることができるだろう。

自分自身をふり返ると、若いころはおいしい食べ物やきれいなファッションを楽しんだが、ここ数年、とくに渡米して以降、びっくりするほど急に老けた。すごいシワだなあ、と鏡を見るのだが、シワやシミと引き換えに別の楽しみができた。新しい分野の研究、ジャズのボイストレーニングなど、少しずつ積み重ねて努力する楽しみの世界が広がったことを感じている。若くなくてはできないことはあるが、年をとらないとできないこともたくさんある。

本書は2011年に出版した単行本を文庫化したものである。当時の担当者は、そのころ毎日新聞出版部に勤務していた三輪晴美さんで、彼女は乳がんのステージ4の診断を受けて治療を継続しながら一緒に本作りをしてくれた。そのかかわりの中で自然に心に浮かんだ言葉が本書のタイトルになった。

いのちの期限がある中でどう生きるかを考えることが増えた。期限が必ず来るのにそのことはほとんど考えないものだ。でも病気はなくても人は少しずつ確実に年を取る。その中で気持ちよく納得できる生き方をするのはどうすればいいのだろう。終活がブームになり、終わることばかりに目が行きがちな暮らしでいいのだろうか。

年を重ねて体に多少の問題が出てきても自分が納得をして生きている人には、いくつかの共通点があるように思う。ひとつは、終わるということばかりに目を向けずに、進み続けることに目を向けている点だ。言葉を変えると、少しずつ努力を重ねて自分が成長したり進歩していくことが感じられることをしていると、年をとる感じ方が違ってくる。人からの評価を目的にしている努力や進歩ではなく、自分が「これでいい」と感じられると思う。成長や進歩をしている間は、体は老化しても心は発展途上といえる。

もう一つ、納得できる生き方をする人は「強いつながり」だけでなく「弱いつながり」を活用していることが多い。弱いつながりというのは親友や親族、所属している会社や団体などの組織関係の人だけでなく、幅広い横のつながりである。それを大事にすることで視野が広がり新しい視点が得られるようだ。

年を重ねると、ワクワクしたりどきどきすることが減ってくる。すべてが経験済なので新しい体験をすることがなくなってくるからだ。ワクワク感や好奇心は心のエネルギーをあげてくれるといえる。経験済のことだけの世界から新しいこと、知らないことを学ぶのは心の若返りになるのだと思う。初心に戻ろうなどと言われるがそれは難しい。経験豊富で知識が多いのだから、初心に戻りたくても戻れない。そんなときに弱いつながりの違う分野の人たちと交流することで心が活性化するのだ。弱いつながりは同じ年代だけでなく若者でもいい。異分野、異業種、違う年齢の人たちと交流を持つことも大人の生き方を豊かにするのだろう。

大人が自分の生き方を選択して進んできたそれは、他のさまざまな生き方を捨てて歩んできたことだともいえる。子どもの頃、若い頃、やってみたかった学びやアートを今の生活に加えて少しずつやってみるなども、大人の世界を豊かにするヒントになるかもしれない。

さて、単行本が出てからの10年は私自身にとっても激動と言える年月だった。55歳を過ぎてから文科系大学の教育学部の教員になり、アメリカで研究員を続け、その後医学部の教員となり震災後の被災地のサポート事業の統括責任者としての業務を行った。多様な考え方の方とかかわり、死と向き合った方達とかかわってきた。定年といえる年齢からスタートした新しい業務で初心を持ち続けることが出来たようにも思う。

毎日新聞日曜版の連載にはたくさんの方から、感想や励ましのお手紙をいただいている。弱いつながりかもしれないが、このお手紙からどんなに私が元気をいただいていることだろう。私もそうした方に元気をお返ししたいと思っている。だれかの心に届くメッセージでありますように、の思いを込めて本書を送りたいと思う。

本書の編集担当で昨年以来お世話になっている毎日新聞出版編集者の宮里潤さんと毎日新聞日曜版で担当をして下さっている桐山正寿さんに感謝いたします。

二〇二三年一月

海原純子

本書は２０１１年２月、毎日新聞社より刊行した単行本に
加筆訂正したものです。

海原純子（うみはら・じゅんこ）

博士（医学）・心療内科医、昭和女子大学客員教授。東京慈恵会医科大学卒業。同大講師を経て、１９８６〜２００７年東京で日本初の女性クリニックを開設。２００７年厚生労働省健康大使（〜２０１７年）。２００８〜２０１０年ハーバード大学ヘルスコミュニケーション客員研究員。日本医科大学医学教育センター特任教授、昭和女子大学特命教授を経て現職。復興庁心の健康サポート事業統括責任者（〜２０１４年）。被災地調査論文で２０１６年日本ストレス学会賞受賞。日本生活習慣病予防協会理事。日本ポジティブサイコロジー医学会理事。日本ストレス学会理事。公益財団法人・社会貢献支援財団理事。医学生時代父親の病気のため歌手活動で生活費を捻出しテレビドラマの主題歌などを歌う。医師となり中止していた演奏活動を１９９９年より再開。オリジナル曲を含むジャズＣＤ『Rondo』『Then and Now』をリリース。読売新聞「人生案内」回答者。毎日新聞「新・心のサプリ」、時事通信、ヤフーニュースに執筆。著書に『こころの見方　いい気分を貯めて暮らしたい』『今日一日がちいさな一生』『困難な時代の心のサプリ』など。

装丁　重実生哉

毎日文庫

大人《おとな》の生《い》き方《かた》　大人《おとな》の死《し》に方《かた》

第1刷　2023年5月1日
第2刷　2023年7月15日

著者　海原純子《うみはらじゅんこ》
発行人　小島明日奈
発行所　毎日新聞出版
〒102-0074
東京都千代田区九段南1-6-17 千代田会館5階
営業本部：03(6265)6941
図書編集部：03(6265)6745
印刷・製本　中央精版印刷

ISBN978-4-620-21057-5